地域を再興する
高校改革の臨床

住民による課題と展望の共有を視点に

山岸治男 著

多賀出版

はじめに

　「教育は百年の計」と言われる。ひとがどのように育ち、どんな自己及び社会を創り出す主体として成人するかは、どの一人の主体にとっても、またそうした主体を受け容れ、かつ、そうした主体が作り出す社会にとっても重要な課題である。経済的、社会文化的視点から見た格差の大小、人権意識の浸透・成熟状態……など、多数の人々の複雑多様な相互作用によって創り出される社会の在りようは、そこに生きる人々の暮らしや人生にプラス・マイナス両面から多様に影響するからである。人類が長い年月をかけて試行錯誤しながら形成してきた民主主義も、今とこれからを生きる人々がどのように育ち、どんな主体として社会参加し、社会の創出に関与するかによって、成熟もあれば後退もあり得る。あらためて、人の育ちに直接関わる教育を「百年の計」と謳った先人たちの洞察力に驚くところである。

　では、この点を自覚しながら、あらためて今日の日本の教育に潜在する問題としてどんな事項が指摘されるであろうか。もちろん、家庭や地域社会や学校で起こる些事までを含めれば、問題は際限なく広がる。そこで、学会や研究会など、人文・社会科学の世界で「中範囲」の課題として取り上げられる内容に着目しながらふり返った場合、筆者には、教育社会学が往年から取り上げてきた「地域社会と教育」の今日的な問題・課題の検討が重要事項の一つとして浮き彫りにされる。

　日本教育社会学会では、学会創設以来、この課題は教育の公平　公正な在り方（格差の縮小・解消）を探る研究の一環として検討されてきた。ただ、途中から経済の高度成長、それに伴って子ども・若者に出現した行動文化の変容、階層化の進展と学校間格差の増大などが社会現象として注目され、研究対象のウエイトが移動し、今日、「地域社会と教育」を直接的課題に挙げて研究する人の数は往時の勢いを失ったように思われる。

　だが、あらためて教育の「意義」や「公平性」を視点に「地域社会と教育」を一瞥すると、過疎化、少子高齢化、限界集落化などの諸現象と並行して、地域再

興（現安倍内閣では地方創生）、里山資本主義、循環型社会など、新たな地域社会の構築とも言える、近未来社会の理念を予測させる社会構成概念が現れているのも事実である。とりわけ、2011年の「3.11」（東日本大震災）は、ひとの生活が自然との関係においてどうあるべきかを問う重要な契機になった。人口集積地域にのみ社会資本が集積し、逆に人口の散在する農山漁村（中山間地域）などにそれらが薄くなる現代資本主義社会の在り方が問われ始めているのである。

　現代資本主義社会の一典型、日本の場合、メガロポリスには社会資本が集積する一方、疎外、心身症、貧困、犯罪等の社会問題が山積している。他方、中山間地域には地域の社会的機能の崩壊、高齢化した諸個人の自立生活の困窮など、社会福祉的援助を要する社会問題や課題が山積している。つまり、複雑高度に進展した現代資本主義社会において、「今」という時点を自律的に活動することに事欠かない成人の多くが、幼少年期に位置する子どもや高齢期に至った老人の「発達」や「自我の統合」、社会的弱者といわれる人々の生活や人生の望ましい状態への改善などに関心を示さず、関与することに躊躇い、公費活用をしぶるのであれば、問題はメガロポリスにも中山間地域にも積み残され増大し続けることになるのである。

　では、問題はどのようにして軽減・解消することが出来るであろうか。その具体的方法を描き出すことは容易でない。しかし、解消・軽減に向けた糸口までは探し出せるかもしれない。前に記した地域再興、里山資本主義、循環型社会などの概念は、この糸口として提示されたものであろう。こうした糸口の提言は、それらを総合する術が見つかり人々に共有されたとき、問題の軽減・解消の実践のためにその機能を果たすに違いない。

　このように考えると、社会を創り出し、その在りようを方向付ける人間の形成に直接関わる教育の可能性と重要性が再び浮きぼりにされる。今日の格差拡大化社会において、教育は多くの場合、経済・社会的地位の向上（高収入で高権限の地位への移動）にどれだけ機能するかを基準に評価・選択される傾向が強くなる。他方、民主主義が国民の間に一定水準の浸透を遂げた今日、教育には次のような評価基準も暗に求められ始めている。

　一つは、低収入と低権限の地位にいる貧困層を放置したまま「市場原理」を謳うのではなく、近未来において高収入と高権限がほぼ約束された教育ルートを通過するひと達にも貧困層などに共感し理解する教育が必要なことである。高収入

や高権限に向かう教育ルートを経ながらも貧困層などに真の共感と理解を示した
ひとに、例えば若槻俊一（地域医療と健康指導）、深沢晟雄（生命第一行政）、八
幡治美（地域農業改革）、猪俣浩三（貧困層救済弁護活動）……などの人々がいる。
著名人をあげれば宮沢賢治（農民指導と文学）や神谷美恵子（ライ患者の理解・
了解と精神医療）などがその典型である。これらの人々が伝記や地域の人々の口
語りを通して伝承されるのは、現実には稀にしか現われない「希少性」によるで
あろう。問題は、第一に共感能力のある希少な人々の思想や行動、技術や技能な
どを受け容れ、貧困層を含む多数の一般住民に媒介する一定数の繋ぎ役割を内面
化した理解者としてのオピニオンリーダー（エージェント・媒介者）が現れるか
否かである。さらに、そうした媒介の後、多数の一般住民がそれを受け止め受け
容れる態度・姿勢を持つか否かである。地域社会にこうしたメカニズムが潜在し
なければ宮沢賢治も若槻俊一も伝承されないまま終わったであろう。

　二つめは、いわゆる低収入と低権限の地位にいる貧困層の子どもたちにこそ、
「貧困の循環」を断ち切る教育ルートの必要を自覚して行う教育政策を樹立する
ことである。これは、政策を策定し実施する人々と、政策を受容し活用する人々
の双方に求められる課題である。確かに、高度経済成長期以後の教育行政は、少
なくとも形式上は「貧困の循環」などを断ち切る仕組みを構築してきた。いわゆ
る僻地の小規模校にも近代的鉄筋造りの校舎を新築する補助を惜しまなかった。
代用教員ではなく、正規の免許資格を持つ教員をすべての学校に配置した。教科
書の無償配布を実現した。養護学校（特別支援学校）に高等部を設立した。では、
こうした形式を実現した裏面で、なお、どんな「貧困の循環」などが進行したで
あろうか。

　いろいろな事項が指摘されるが、筆者の管見によれば最も重要な事項は低収入
や低権限の地位に身を置く多数の人々が「自信」や「誇り」さらに「希望」を失
うルートが暗に敷かれてしまったことである。過疎化の深刻な状況下で、住民に
かつてのような「自助」「自立」「自活」に向けた「意欲」と「勇気」を見いだす
ことが次第に困難になっている。わずかに残るオピニオンリーダーが希望的観測
を打ち出しても、なかなか多くの住民が腰を上げない状況が既に蔓延している。
こうした状況下で生育する子どもたちに、希望や使命などを行動文化の精神的・
実存的基盤として蓄積する教育ルートの樹立を放棄すれば、それは貧困層を含む
多くの住民の切り捨てのみに終わらず、希望や使命、つまり「志」を抱いて社会

参加しようとする市民・国民の育成を抑制し、日本の近未来に少なからぬ禍根を残すに違いない。

　では、オピニオンリーダーとも言える媒介的存在者、それらの提案を受けて自らに受容しようとする貧困層を含む住民一般が成人に生育するまでの教育の過程に何が必要であろうか。筆者の管見では、こうした、人間の実存的状況が問われる課題に対して、教育社会学はまだ十分には答えていない。だが、回答を探ろうとしなければ「地域社会と教育」の課題は、統計数値で把握できる範囲に限定した現状の記述と分析に終始し、問題の解決に十分に寄与しないまま行くであろう。それが課題として学界で取り上げられるには、問題の軽減・解消が必要だという、課題の奥に潜在する認識が必要だからである。この認識を共有したとき、あらためて「教育の過程に必要な何か」を探る臨床的課題が幅広い人々にたち現れ、共有され、実践に移され得るのである。

　このように思索した場合、筆者に彷彿とするのが、宮沢賢治など先に挙げた人々がどの一人も「貧困層を含む多くの住民と生活世界を共有する」体験を続けていたことである。部分的接触や知識としての理解とは異なる、利害も感情も絡む生活世界を共有・了解しているのである。また、自分だけそこから「抜け出すこと」に価値（目標）を見いだすのでなく、そこに共存しながら、「自己研鑽の成果をそこに反映すること」に価値を見いだす思考習慣を体験的に習得しているのである。同時に、そうした価値を承認し、受け止める態度や行動文化が、貧困層を含む住民一般に形成されていたことも重要なポイントである。

　大分県の中山間地域で町長と農業協同組合長を兼職しながら地域農業の改革に取り組んで実績を上げた故八幡治美（広島工専卒業後、実家の農業に従事）から、地域にオピニオンリーダーを育成し、オピニオンリーダーの提案を聴き取る能力を一般住民に形成することに苦心する話を聴いたことがある。「リスクの大部分は私が負いました。幾分かはオピニオンリーダー達にも負ってもらい、一般の方々にはリスクなしで参加する道を開きます。それでも、成功して収益があった時は参加者全員にほぼ平等に分けるのです。そうすると、これでは申し訳ないと言って一般の方々の中に次のリスクを負担しようと申し出る人が現れてきます。こうしてだんだんとリスクはみんなで負える形が出来あがるのです」と、淡々と語る八幡の語りに、単に感情の共有というのみでない、地域社会の形成に関する原理・原則に相当する「理論」が潜在するのを感知したところである。

　では、地域社会で指導的地位にいる人々、オピニオンリーダー、貧困層を含む一般の住民など、諸サイドによるそうした価値の体験的習得はどんな教育システムにおいて可能であろうか。本稿は「中山間地域にも高等学校までの学校教育が存続するシステム」をその回答として仮設し、この仮説の妥当性を実証し、そこに潜在する仕組みの理論化を目的として記すものである。テーマを「地域を再興する高校改革の臨床」とした理由はそこにある。

目　次

地域を再興する高校改革の臨床

――住民による課題と展望の共有を視点に――

第一章　本研究の課題・視点・方法

　筆者は2009（平成21）年に本研究の前段階ともいえる、日本農村における後期
中等教育の展開について論じた[1]。そこで検討した主な論点は、1）地域の若年
層に対して寄せる住民の教育的期待、2）住民の期待を感知した当該若年層の学
習意欲と活動、3）こうした地域社会の動向を背景に制度設計し公的予算措置等
を執行する地方教育行政の意思決定、4）以上を背景に創設された後期中等学校
における教育・学習の展開と制度・政策等の変遷、などである。論点の1）、2）、
3）は地域社会に住民の要望と意思に基づいて設置される学校の設立の可否を左
右する要件である。それらの社会関係とそこに生まれる力動が4）に強く影響す
ることも確かである。では、4）に取り上げた内容は、21世紀初頭の今日、どん
な状況を呈し、どんな課題を内包し、21世紀半ばまでにどんな解決を期待されて
いるであろうか。1）、2）、3）の論点と関連させながら検討すべき課題がある
のを感知するところである。

　この章では、こうした見地と理解に立ち、研究の課題・視点・方法など、本研
究の意図と方法について記すこととする。

第1節　問題の所在と研究の課題

1．過疎化・少子化に伴う高等学校再編問題

　日本では1970年代半ばの「第二次ベビーブーム」終焉以降、少子化が続く。こ
の過程で、前に記した筆者（2009）による1）、2）、3）の総合的成果として設
置された中山間地域の高校（多くは分校として発足）及び都市部に生徒数の増加
と進学率の上昇を契機に増設された高校は、一転して統合や廃止などの再編課題
に直面した。とりわけ中山間地域に所在する高校の多くは過疎化と少子化の同時
進行により、生徒の定員を満たすことが困難になっている。それが恒常化すれば

廃校措置を余儀なくされる場合が多く、高校再編の展開・進行は、地域によって
は生徒が自宅から通学できる高校が消滅する事態を生み出すところまできている。

　他方、労働市場では「高校卒業」資格を学卒新規雇用の最低基準に据える傾向
が一段と強まっている。高校卒業資格を満たさないまま正規雇用される職業世界
がいよいよ狭まっているのである。そこで、過疎・少子化の進む中山間地域を広
く抱える府県では、少なくとも「高校卒業」までは可能な限り自宅からの通学を
基本にした教育制度を維持・継続したいと考える当該地域の生徒に対して、高校
教育の保障をどのように実現するかが教育・福祉の両領域にまたがる課題として
浮上するのである。

2．「格差」の進行に伴う子どもの発達状態の「多様化」

　一方、1990年代以降、「高度安定経済成長」に変化が生じ、日本は21世紀初頭
に国民総生産世界第2位の地位を中国に譲り、国内では経済活動の再浮上を目的
に「規制緩和」「雇用・就労の多様化（非正規雇用の増大）」策などが採られた。
だがそれは結果的に所得格差を年々拡大し始めている。

　格差はさらにひとの文化への接触態度を含む行動文化・生活習慣・社会的態度
などの差異にも及び、態度や行動を含む文化的貧困が教育・学習格差を引き起こ
してきた。それはさらに希望や志、責任感や使命感のような人生に対する価値意
識などひとの生涯全体に関わる精神的・実存的側面にまで及ぼうとしている[2]。
この過程で、高校に進学する生徒にも格差の反映した「多様化」が顕著になり始
める。不登校、いじめ、学力の二極分化、教室の行動文化になじめない子ども、
授業中に手遊びする子どもなどが現れる一方で授業中に塾の課題を持ち出す子ど
もが現れたり、「受験科目」以外の授業を時間的に負担だと考えたりする生徒も
現れている。「多様化」は一面で「個性」の反映とも受け取られるが、21世紀初
頭の今日、それは「個性」というより「格差」の過程で生じた社会事象であると
認識するほうが現実にマッチしているのではないであろうか[3]。

　この「多様化」は都市部にのみ生じた問題ではなく、中山間地域にも同様に生
じている。都市部の場合、生徒の「多様化」は「学校間格差」として展開したが、
中山間地域の場合、高校は地域に1校のみであり、「校内格差」をもたらす。そ
れはやがて、比較的所得が高く成績も一定水準に達する層の生徒に「地元高校離

れ」を引き起こす。地域に学校があっても、住民が「敬遠」する事態が生じる。こうして、中山間地域所在高校は、過疎・少子化に加えて「地元敬遠」感情によっても生徒数確保に困難が生じやすくなるのである。

　これは単に高校教育に限定された問題ではない。例えば夕張市は人口減少過程においてそれまで維持した市民病院を診療所に縮小降格したが、縮小降格要因として、人口減少以外に「地元の病院で可能な医療を札幌に出かけて受診する患者」の続出があったといわれる。種々な社会的側面における「右肩下がり」現象を余儀なくされる中山間地域において、「地域で可能なことは地域で」という発想・思想を創出し受容する態度が住民に成熟しない限り、こうした「地元敬遠」傾向は続くであろう。この動向は、「地元敬遠」に終わらず、「生活環境」「人生創出環境」としての地元に、人間関係を基礎にした地域社会を構築し、地元社会への参画・参加を通して地域の課題に気づき、解決のための使命や希望を自覚する「生活や人生の創出」という精神的・実存的活動意欲を住民から次第に削ぎ始めるのである。こうして、中山間地域は「地域内格差」を一層広げ、崩壊するときを待つ状況さえ生まれている現実がある[4]。

3．子どもの「格差化」「多様化」に対応する高校教育の課題

　こうした状況下、再び高校教育に目を転ずると、今、中山間地域の高校はその存亡をかけて特色の創出を模索している。例えば、自然環境に恵まれた小規模校であることのメリットを「売り」にして都市部の生徒を留学させる事業がある。自然の中で深い人間関係を形成したいと希望する都市部生徒と保護者の期待に応える教育事業である。また、学校存続を目的に各地の高校で中学校との連携が試みられる。この連携には、高校存続のみでなく、中・高両方に教育効果を上げる狙いも込められる。さらに、生徒の「多様化」に対応する高校の対策も試行錯誤されている。教育は巨視的に見れば制度や組織を媒介して行う人間形成の営みであり、微視的に見ればその具体的な運営・指導である。両者をつなぐのが教育課程である。教育課程は、法令や慣例を遵守しながら、児童・生徒の発達をめざし、児童・生徒側の条件、教師側の条件、学校が所在する地域社会の条件など、教育現場の実情に配慮して編成される。中山間地域の小規模高校において、限られた教員数にもかかわらず、「多様化」する生徒の実情に応じた、教育課程の「多様化」

が進行していることも見逃せない現実である。

　とは言え、学校や教育行政側のこうした検討や試行錯誤も、住民に「地域社会の形成」や「地域若年層の教育」に関する社会意識・社会的関心の成熟が無ければ画餅に陥りかねない。また、多数の国民に、そうした中山間地域の現況と課題を理解・共感しながら地域社会の特質を視野に入れた教育政策・対策を相互に承認し合う社会意識・社会的関心が成熟することも不可欠である。それは、ミニサイズ化が進む中山間地域の学校における「教育制度の新たなパラダイム」を模索する課題を呼び起こす[5]。

4．本研究の課題

　以上の事実認識と課題意識から本研究の課題を整理すれば、それは以下の通りである。

1）府県の高校改革案において、「少子化」「生徒の多様化」などがどのように認識され、どんな対策が検討されているか、現状を探る。
2）これらの認識、対策に、問題解決の可能性を探り、なお残る潜在的課題「地域再興に果たす教育の役割」の可能性を探る。
3）これらの認識や対策に対する地域社会側の参画・参加等、関与の態様と可能性を探る。
4）以上に関わる分析・評価を試み、課題解決を目指す対応の在り方について検討する。

　課題の1）については、府県段階で企画・計画・策定された「高校改革」に関わる公開された書面が参考になる。多くの府県は、改革のための検討委員会を構成しているがこの構成メンバーの所属も含めて検討しなければならない。多様な地域性や職業界の代表がメンバーとして構成される必要があり、同時に、子どもの発達、とりわけ、精神的・実存的側面までを見通した発達への着目が出来る人的構成が望まれるからである。

　同じく2）についても公的資料が参照の対象になる。同時に、なお残り続ける問題や課題を当該府県の現実に即して探ることが求められる。特に、地域再興に果たす教育の役割、とりわけ、高校段階の学校を存続させる上で地域住民が責任

を持って取り組む姿勢と住民の自治能力向上との関係が問われなければならない。

　３）は、２）と深くつながる課題であるが、従来は等閑視されやすかった側面である。特に中山間地域と言われる地域社会では、今日、指導的役割に就こうとするひとが乏しくなったばかりか、オピニオンリーダー的役割を担う自覚も減退し、一般の住民には「諦念」感情がかなり浸透しているように思われる。この点を正確に掌握・分析し、可能な再興の途を示すことが必要である。こうしたいわば臨床的・実践的側面の伴わない研究は、地域住民にとってほとんど意味のない内容になりかねないからである。

　さて、４）は臨床的・実践的側面に関わる課題である。研究成果から何らかの可能な「処方箋」を提示し、それを住民相互が共有しながら実践の途を探る姿勢が必要であることを意識して示す課題である。勿論、ここで出す「処方箋」はあくまでも暫定的なものであり、今後の研究によってさらに具体化したり修正したりする途を残す「処方箋」である。

第2節　研究の視点と方法

1．問題意識と本研究の視点

　過疎化・少子化によって子ども人口が減少し、学校が小規模化さらに「極小規模化」する過程で、従来、当然のこととして学校の統合や廃止（統廃合）が議論されてきた。統廃合を当然の前提とする背景には、多数の議論の事例から推測して、１）少人数の学校（学級）では子ども間に切磋琢磨が十分行われず教育効果が期待できない、２）小規模校を存続させるには、学校の維持管理や教職員の確保に関わる費用負担から見て予算投資効果に問題が残る、という２つの主要な論点がある。住民説明用に教育行政側が用いるのはほとんどの場合１）を前面にした議論である。しかし、教育行政の真意としては、２）の部分にも相当程度重心を置くのも事実である。つまり、住民向けには「小規模校ではお子さんの教育効果が上がらないおそれがありますよ」と住民感情に訴えながら、内心では教育予算の縮小を余儀なくされる財政事情に左右される教育行政の「複雑な立場」が垣間見られるのである。

　こうした議論の過程で、一定の「反論」も展開したが、多くの場合、小規模化

した学校の統廃合が進んだ。それは、先ず小学校から、続いて中学校へ、さらに高等学校へと展開する。近時は大学などの高等教育機関にも少子化の影響が波及している。

　学校統廃合の過程では、当然ながら住民に小規模校では本当に教育効果が期待できないのか？　という疑問が残る。経験的に、小規模であることが教育効果を左右する理由にはならないことが感知されるからであろう[6]。明治5年以降の日本の学校教育史を鳥瞰すれば、野口英世を例示するまでもなく、小規模校からも滞りなく教育効果を上げた人々が現れているからである。また、2）の理由については、教育以外の多数の分野・領域において行政的判断に付きまとう問題である。教育に固有の課題とは言えないように思われる。

　では、学校統廃合問題の核心は何処にあるであろうか。前に挙げた1）、2）を除けば議論すべき問題が無くなるように見える。だが、問題は意外なところに潜んでいる。学校統廃合の進展をやや長いタイムスパンで見つめてみよう。統廃合が始まったころ、各地に「熱い議論」が彷彿とした。1980年代半ば、教育行政を統括する文部省が「無理な統廃合は行わないように」という通達を出す事態さえ生じたのである。では、その後30数年が経過する今日はどうであろうか。「議論」が皆無であるとは言えないが、かつての勢いはなく、統廃合を「やむをえないこと」と諦めて受け入れる姿勢が目立つ。では、住民の「諦観姿勢」ともいえる議論の後退はどのようにして生まれたのであろうか。また、もし「諦観姿勢」が継続した場合、学校の統廃合という教育行政行為は進めやすくなるが、それと引き換えにひとの発達に関わる重要なポイントを失うことにならないか、筆者の脳裏に強く刻印される問題意識である。

　こうした問題意識に立つと、「多面的に」というだけでなく「多層的に」も問題を見つめ直さなければならないことに気づく。確かに、学校統廃合問題は、住民サイドや行政サイド、子どもに生ずる学力効果や予算に対する教育効果など、多面的に検討されてきた経緯がある。したがって、既に議論は出尽くしているかのように見えるのである。だが、「多層的に」という視点を導入すると、そこにはさらに検討すべき議論の余地が見え隠れする。筆者にそのすべてを数え上げる能力はないが、例えば、統廃合の展開に伴って生じたと思われる住民の「諦観姿勢」が子どもの発達に与える影響や、さらに住民の社会的・精神的発達に及ぼす影響などがその一例である。21世紀の今日、少子・高齢化が急速に進行し、経済

活動が「減速化」する過程で「自助」「共助」する能力と努力が厳しく求められている日本で、自らにその能力形成と努力がなかなか実行できない若者の群れが発生している事実がある。また、地域社会では、近隣や職場の仲間うちで社会参加しながら意思の疎通と調整を試み、総意としての意思決定に基づいて進める地域自治活動が困難になる事態も出現し始めている。

　このように、問題意識を「多層的に」検討することを念頭に、本研究の視点を二〜三にわたって定め、検討して行こう。

　一つは、教育行政側における計画・企画類の検討である。行政は法令に従って問題事象の中に行政課題を見いだし、その解決に向けて政策を策定し実行する機関である。公平・公正性と財政上の説明責任が問われる。こうした法規的拘束を受けながら、同時に行政には一定の「行政指導」が認められる。計画・企画類にこれらの条件がどのように加味され配慮され、どの程度住民側の意見などとの調整を踏まえているかを探る必要があるのである。

　第二の視点は、学校を直接活用する住民側の意向と動態である。一般住民、子ども、保護者などにどんな問題の自覚があり、どんな課題認識に基づいてどんな意思や態度を形成しているかを探る必要があるであろう。住民に建設的な活動意欲があるか否かは、地域社会の自治能力の課題とも重なる重要な視点になる。

　第三は、ひとの発達と地域社会の発達環境的機能についてである。とりわけ子どもの発達を中心にした視点ということになるが、発達環境という視点を強調すれば、子どもが生育し学習する地域社会や学校に、子どもから見て建設的・前進的気風・風土がみなぎっていると感知できるか否か、地域や学校の課題に切磋琢磨して取り組む住民や教師の後ろ姿に接する機会がどれほど体験できるか否かは重要な検討課題になる。子どもの発達状況はそのまま次世代の在りようを予測・表現するからである。

　では、こうした視点に立った場合、どんな研究課題が認識されるであろうか。

2．研究の視点と課題認識

　掲げたテーマに関して、巨視的には2つの方法上の課題が認識される。一つは、前に記した第一と第二の2つの視点から導かれる。教育行政と住民の各意向及びその相互作用の展開を正確に記述し分析する課題である。過疎化・少子高齢化・

財政事情のひっ迫化などの諸条件に対する双方の認識、そうした認識に立脚して展望する教育の近未来像に関する相互作用などが探り出されなければならないであろう。ところで、こうした課題は、これまでの研究で一定の成果がある。勿論、そこにさらに成果を付加することは研究の前進にとって有意義であるが、ここでは、もう一つの課題認識について検討したいと思う。

　それは前に記した視点のうち三つ目の視点から認識されるものである。社会は一般にひとの発達環境の性質を帯びる。親子関係や家族、地域社会や全体社会、見方を変えれば人間環境や政治・経済の仕組みや現況、文化環境や情報環境など、環境はひとの「発達函数」である。ひとの「発達函数」としての地域社会を研究の一視点として定めれば、地域社会が住民の総意として青年期までの学校教育（幼稚園〜高校）をどのように受け止め、解釈し、存立させるかを意思決定する過程は、成人としての住民自身の自己形成に関わる生涯学習の一端であり、子どもとして生育する児童・生徒の社会的・精神的発達に影響する学習素材であり発達環境である。住民がどんな認識に立って、どんな議論を展開し、どんな結論を出そうとするか、それらに対して、市町村教育行政や府県教育行政がどんな対応をするか、それらの対応に対して住民がさらにどんな意思決定を試みるか、住民の総意を巡る地域社会の意向は住民相互の意見の違いもあり紆余曲折を経過するであろう。成人した住民にとっても子どもにとっても、この紆余曲折する過程は「自分が居住する地域社会の教育機能をどのように実現するか」を巡って住民自らが学習し発達する重要なモメントである。

　学校統廃合問題は、単に当該学校の存廃を問うのみではなく、「地域社会の教育機能をどのように実現（保障）するか」を巡る問題である。それも、第三者的立場に立ったいわゆる客観的認識としてというに留まらず、「自分が居住する地域社会の教育機能を……」という、第一人称的立場、ないし主体的立場に立って受け止め思索する問題である。それは、場合によっては「主観的立場」に立つ受け止めに陥りやすい欠陥を残している。この欠陥を自覚した「主体的立場」が住民に形成されるか否かが、先に記したモメントの質を決めるであろう。

　モメントの質が不十分な場合、議論は紛糾したり、逆に、教育行政側の意向に沿った単なる承認論議に終わったりする。勿論、教育行政側も、成熟した民主主義に即した場合、あらかじめ住民の意向をよく聞き取ることになり、成熟したパブリックコメント・システムを活用することが多くなっている。結果的に承認論

議であることも一概に問題を残すとは言えない。こうしたいろいろな事態が予測
されるが、これまでの一般的傾向として、マスコミは紛糾した事例に飛びつきや
すく、研究者は「承認論議」に終わった場合にその背景や過程を分析しようとし
ないことが多かったように思われる。

　では、モメントの質が高い場合はどうであろうか。この場合、議論は「紛糾」
ではなく「白熱」し「熟考」され、かつ、異なる意見に対する相互理解に立って
地域社会としての「合意」を求めることになろう。合意つまり総意としての意思
決定には異なる意見を持つ者相互間に「譲歩」しあう態度が必要になる。そこで
は、議論の勢いやプロパガンダーによる感情の攪乱などが意思決定を左右するの
ではない成熟した議論の展開が求められる。少子化による学校統廃合問題の発生
は、住民の多くが「主体的立場」に立つ場合、生育途上にいる子どもをも含めて
地域住民の学習と発達の重要なモメントになり得るのである。このモメントの質
についての研究課題が鮮明にクローズアップされるのである。

3．課題認識と研究の方法

　以上の課題認識に立ち、本研究が採る研究方法は、1）先行研究の整理・検討、
2）公表された公的文書類の活用、3）聞き取り調査による質的資料の活用、4）
地域や学校の事例に関する資料の活用を主とするものである。詳細に記せば次の
通りである。

　先ず先行研究については、「地域社会と教育」に関する研究がどんな課題の基
にどのように進められ、どんな成果を生んできたかについて、その動向を要約し
たい。その上で、過疎化・少子化の進行に伴い、「高校改革と地域再興」を課題
にした研究の実際について探りたい。そこでどんな成果と課題が提示されている
かを要約したい。

　公文書類の活用については、府県段階の「高校改革計画」類の活用を基本にし
たいと思う。旧来と異なり、府県段階の計画類には、過疎化・少子化に伴う地域
社会の厳しい変化の事実が記載される。それに対応すべきことから、総論風の内
容ではなく、個別の学校や地域に応じた具体的計画案が示されるようになってい
る実態がある。こうした内容も含めて資料分析に取り組みたいと思う。

　聞き取り調査は、文献では十分に達成できない「経緯」や「事情」などの実際・

実態などについて、行政的立場の人を含む地域関係者から実際の姿を聴き取る作業である。もちろん、その場合であっても、語り手の主観が入る余地があり、この点について「客観的」な事実とするについては幾分かの留保をしなければならないと考えている。

　事例研究は、自主的・内発的に改革に取り組んでいると思われる高校を訪ねて聞き取りや学校要覧などの資料はもちろん、教室の授業風景や生徒の活動状況などについて参与観察しながら進めたいと思う。

　まとめに当たっては、こうした諸種の資料・情報をもとに、研究の課題に即して骨格に当たる部分や事例など具体的内容を記載する部分などを仕分けたり総合化したりして進めたい。なお、本研究の終了後（平成24年度以降）の動向や生徒の進路等については、直接訪問した場合もあるが、インターネット情報を活用した分もある。

註

1）拙著『農村における後期中等教育の展開』学術出版会、2009、参照。
2）山田正弘『希望格差』2007、筑摩書房、参照。
3）筆者は1997（平成9）年から今日まで、大分県公立中学校、高校の教育相談室でスクールカウンセラーの業務に当たっている（週1回、年間35週）。ここで受けた相談を通してもこのような認識を深めたところである。
4）この傾向はいわゆる平成の市町村大合併以後、合併によって「周辺部」に位置づく地域において顕著に進行した面がある。
5）学校の「適正規模」とはどんな規模かという問題である。
6）近年、全国規模で実施される「学力テスト」の地域別結果によれば、秋田県や福井県など、大規模校の多い「大都市圏」ではなく、小規模校の多い「地方圏」と言われる地域のほうが高得点であることが判明している。大分県の場合も、豊後高田市や竹田市など、小規模校の多い地域が高得点であることが地元新聞に公表されている。

第二章　本研究に関わる先行研究の検討

　「地域社会と教育」を課題に行われた研究は、20世紀後半だけを区切ってみてもおびただしい数に上る。ただ、多くの場合、研究は地域社会の現況が教育とりわけ学校教育にどのように影響するかを主な課題として行われ、地域社会の現状分析と学校教育の課題を指摘してひとまず終了する内容である。

　こうした動向に対して、本研究は「地域再興」を目指す高校教育の改革を課題とし、現状分析した上で実践目標やその方法をも検討課題として掲げるものである。したがって、研究事例の中に「地域再興」を意図する教育の内容や方法がどのように組み込まれ、実践されているかを読み取る作業が求められる。同時にそれは、単なる「希望的観測」ではなく、条件を整備すれば「実現可能な方法」でなければならないことになる。

　では、こうした条件を一通り整えた先行研究としてどんな研究があるであろうか。以下に探ってみよう。

第1節　戦前期農村における中等学校の展開に関する諸研究

　戦前期における農村の中等学校に関し、史実に基づいて調査・記述した最大の研究は、国立教育研究所が刊行した『日本近代教育百年史』であろう。同じ頃、全国各都道府県教育委員会も都道府県教育百年史を刊行しており、制度の変遷、法令の改廃などの史実についてこれを超える研究は見あたらない。本研究においても、全国段階、県段階の制度制定や法令改廃については、基本的にこれらの研究成果を基礎にする。

　関連文献を渉猟した場合、戦前期の研究は「すべて」と形容してよいほどに制度史的記述であり、解説であり、その国家的意義付けを論ずることに終始するものが大半である。制度やその実践・実現・実施現場における実態に対して、仮に問題や課題を感知したとしても、そこに社会学的発想や視点から研究の光を当て

る認識や方法がほとんど確立していなかったからであろうか。制度的史実に立って、そこに特定の問題を見出し、課題を設定して行った研究が現れるのは、筆者が知る限りほぼ全て、戦後、教育社会学が大学アカデミズムにおいて市民権を獲得しようと努める過程においてである。

戦前期の農村に浸透した青年期の中等学校は、実業補習学校を出発点に、青年訓練所の出現を経て青年学校に至る過程が最もよく知られた展開過程である。そこに「勤労青少年教育」の視点から課題を提示した研究に、塩見淳一の「勤労青少年教育の諸問題」[1]、佐々木享の「近代日本の職業教育・職業訓練の経験に関する研究の概観」[2]、板橋文夫・板橋孝幸著『勤労青少年教育の終焉』などがある[3]。

塩見は、1950年代の日本全体を概観し、新制中学校卒業者のうち、高校に進学する生徒がなお50％程度にしかなっていない事実を取り上げ、戦前期から引きずる中等教育の階層間格差を問題にする。戦後の教育改革において、農村に設置された分校なども含め、定時制高校に一定の期待を寄せるが、定時制高校進学者を含めても勤労青年に対する教育に課題が多いことを指摘するのである。

佐々木は、歴史的に振り返り、戦前期には「実業教育」とよばれた職業教育について全国的視野に立って整理し、農村・農業に限らず、工業や商業、水産、商船などの中等段階の職業教育、さらに企業内職業教育などにも触れ、それらの骨格を概説する。

板橋らは、戦前期から戦後期までに渡り、いわゆる「正系」中等学校から見たとき「傍系」的に見える青年期の諸学校に焦点を当て、それらを全体として「勤労青少年教育」のカテゴリーで把握しようとする。その盛衰を北関東4県における事例を通して実証している。

これらの研究は、戦前期からの流れにおいて農村の分校などを認識しようとする点で、本研究の基本的視点と共通するところがある。ただ、問題は、研究関心がほぼ「勤労青少年教育」の一点にのみ絞られ、地域社会の状況との関係については十分な記述や分析がなされていないことである。また、塩見と佐々木の場合は事例に関する内容は殆ど記述されない。板橋らの場合は学校の事例を紹介するが、なお、概観に留まるきらいがある。この点で、本研究ではより集中的に事例に当たりたいと思う。

第２節　戦後農村における新制高等学校の展開に関する諸研究

　戦後の農村に広く展開した新制高校分校等については、過疎化の進行や教育環境としての地域の変動などが主な研究課題になる。高校の設置に多くの議論を展開したにもかかわらず、実際には各分校などが規則に定めた生徒定員を充足できないまま推移していることに焦点を当てた研究に、畠山豊吉の「定時制高等学校の振興と不振の要因に関する研究」がある[4]。同様に、過疎化の実態を記述しながら高校分校の展開にも触れた研究として島方洸一の「山梨県道志村における過疎化の実態」がある[5]。また、教育史の全容を概観しながら教育政策や教育目標等の視点から農村の高校にも焦点を当てた研究として、大脇康弘の「戦後高校教育の歴史」[6]、山内乾史の「定時制高等学校の現状に関する一考察」がある[7]。さらに、青年期の自立に焦点を置きながら、戦後の農村青年における定時制高校分校などの意味と意義について検討した橋本紀子・他編『青年の社会的自立と教育』がある[8]。

　畠山は、岩手県の分校を含む定時制高校を対象に、生徒定員に対する充足率を基準に学校の振・不振の要因を探り出そうと努める。全体的傾向として、「不振」状態の定時制高校が多いことに注目し、①家庭の経済的理由や中学生期の成績など生徒に関わる不振要因、②施設・設備に関わる不振要因、③地域及び生徒の要求と学校経営に関わる不振要因、④制度に関わる（４年間かかるなど）不振要因、の各視点から不振要因を分析する。制度の整備にもかかわらず不振を続ける定時制（岩手県の場合は農山漁村の分校が多い）高校の分析という点で、本研究に一定の示唆を与える。

　島方は、事例に取り上げた道志村の状況を村落社会地理学的視点から調査し、その実態を報告する。ここで高校教育に関する聞き取り調査もしており、村内に設置した谷村高校道志分校に住民が必ずしも子どもを進学させず、本校ないし都市部の高校に下宿代をかけて進学させる例が高校進学者の７割に達する点に触れる。そこには、村の産業としての農林業に対する希望の希薄さや、村に将来性が感知できないとするマイナス意識などが関与していることを質的調査によって指摘する。

　大脇の研究は、新制高校発足期から1990年までを、制度の展開のみでなく、都道府県段階におけるその改廃、教員組合の結成、経済界や政界の意向など、多面

的視点から高校教育に現れた社会事象に触れる内容である。農村部の定時制分校
に関する記述は、産業教育一般の記述にほとんど埋もれてしまうが、逆に、こう
して解明された歩みにおいて農村の分校などが展開した事実を検討する上で参照
することができる。

　一方、山内は、定時制高校に焦点を絞り、中途退学者の出現率を中心にその要
因を分析する。したがって、特に農村の分校の研究という内容ではない。ただ、
分析結果に目を通すと、第1次産業の比率の高い定時制高校（実態としては農村
の定時制分校であると受け止めてよい）では中退率が低いこと、1学級当たり生
徒実数の少ない学校（当時の状況を鑑みれば、これも農村の定時制分校が大半で
あると見られよう）で中途退学率が低いことが指摘される。当時の農村部高校の
特質の一部に触れる分析と見てよいであろう。

　以上の4点は、ともに社会学的分析視点を伴う数量的統計を一定程度駆使した
研究である。特に畠山の研究は分析視点もきめ細かく、フィールドとした岩手県
農山漁村の当時の歴史社会的状況の検討とともに定時制高校（分校）に生徒が集
まらない理由を丹念に検討している。また、島方の場合は、生徒や保護者に「地
元の高校」を避ける選択が行われる内面的理由にまで立ち入って検討しており、
質的研究面でも十分参照できる内容である。ただ、両研究には、そうした過程を
歩む分校が、地域社会のどんな層の、どんな社会的期待や欲求を背景に設置され、
それがどんな理由から所期の期待や欲求と乖離することになるのかについての記
述・分析はあまり見られない。したがって、過去の状況分析は可能であっても将
来の計画立案には必ずしも参照出来るとは言えない内容である。大脇と山内の研
究は、研究の意図が本研究の課題とはあまり整合しないので、中山間地域の高校
を対象とするこうした研究があるという記述にとどめたい。

　これに対し、橋本らは、「青年の自立」を基本的視点に、それが社会的にどの
ように規定されるものであるかについて理論的枠組みを設定した後に、高度経済
成長期の日本の青年の進路選択と進路に関する社会意識に触れる。そこで、過疎
地域としての秋田県の高校分校に学ぶ生徒の事例や、都市部（愛知県）に社会移
動して夜間定時制に学ぶ生徒などの事例を検討する。青年の自立という「発達過
程」に着目する点で、根底に本研究と共通の研究視点があるように思われる。た
だ、「自立」は、心理学的にも精神分析学的にも、また実践面から見た社会福祉
学的にも、定義が多様であり、自立した状態を客観的に設定するには困難が伴う。

多数の研究者の支持が得られる概念として「自立」を使用することが出来るか否かという点で、筆者の研究に全面的に取り込むには難点がある。

第3節　過疎化する中山間地域に所在する高等学校の諸研究

　分校として創設された農村の高校が、過疎・少子化過程において存続の可否を問われる20世紀末以降に焦点を当て、暗に存続をめざそうとする場合に生まれる問題や課題について検討する研究として、横井敏郎の「高校教育における市町村連合の意義：北海道市町村立農業高等学校振興対策協議会の活動と軌跡」[9]、高野正の「純農村部に立地する小規模農業高校・学科の存立意義：北海道別海高等学校定時制課程酪農科の農業後継者を育てる教育実践から」[10]、柿内真紀・他「現代における定時制高校の役割」などがある[11]。また、教育史研究において農村の分校などが同じ高校制度において格差化する実態に焦点を当てた研究に米田俊彦の「戦後改革における新制高等学校の設置と格差構造の再編成」がある[12]。

　横井は、近時の行政の多くが中央集権的になりつつあり、地方ないし地域に主体性を持たせる分権的な方途が問われる過程で、北海道の農業高校と農村地域の連携による地域作りの可能性に触れる。

　高野は、同様な視点から、農業後継者を育成する教育の実践を分析する。横井、高野の研究は日本でも特に専業農家の多い北海道をフィールドにしているところに特徴がある。だが、他の都府県においても、「住民が自らの自由と責任において地域の未来像を検討する」ことについては共通の課題として理解することが出来るにちがいない。

　柿内らは、1990年代以降の定時制高校の役割に焦点を当て、そのニーズの多様性と近未来の多様な在り方を検討する。直接農村の高校に触れているわけではないが、中山間農村が今後も存続しようとする場合、そこにどんな課題や必要ないしニーズが潜在するかを検討する上で重要なポイントを指摘するものである。

　また、米田は、長野県を対象に新制高校がその内部に格差構造を抱えていたのではないかと指摘する。そうした見解の根底に、米田は、農村の新制高校の場合、意識的実態として「青年学校を定時制課程として」高等学校として移行させた点を上げている。確かに農村の分校は、教育制度的には青年学校を引き継いだのではないが、住民の意識下には米田の指摘する面があったことは否めないであろう。

　これらの研究は、本研究の課題にかなり接近する内容である。横井と高野の研究には、農村における小規模高校を存続させる意義を探る意図が研究の行間に垣間見られる。そのための方策について北海道をフィールドに提案する内容である。だが、北海道の農村の場合、本州以南の中山間地域とは事情がかなり異なることを加味しなければならない。ただ、高校存続を地域社会の存続と関連させようとしている点については本研究と共通の視点に立つと見てよいのではないかと思う。

　柿内と米田の研究は対象とした高校や研究課題において本研究が探究する課題とは異なる。ただ、後期中等教育段階の高校が、生徒の多様な状況や条件を考慮して多様なニーズに応える必要が生まれている点の指摘は、本研究の課題から見て高く評価できると思う。

　以上、十数点にわたって、本研究に関連すると思われる先行研究について検討を加えた。この点数は、こうした検討にかける文献の数としてはけっして多くはないであろう。文献検索を通して気づくのは、制度の変遷や、市町村史・誌の類に記載された記録は数千点という数にのぼるも、社会学・教育社会学などの視点を少しでも感知することが出来る研究は？　と問うと、それが激減することである。それには次の二つの理由があるであろう。

　第一は、教育史的史実に関する記録の数は、全国レベル、都道府県レベル、市町村レベル、各学校レベルと、千単位に及ぶが、そこに社会学や教育社会学の視点がほとんど感知できないことである。第二は、戦後の文献にようやく社会学や教育社会学の視点が導入され始めるものの、農村の高校分校には必ずしも多くの研究者が視点を当てなかったことである。数的にも、規模的にも、生徒全体に占める百分比からも、けっして「多数」ではなかったことが主な理由であろうか。もう一つ加えるなら、第三に、それら農村の分校などが、今日、その所期の目標を達成して消滅しようとしているように感じられる点も指摘してよいであろう。いわば「脚光をあびる」研究テーマではなくなっているのである。

　だが、こうした検討に立って、あらためて本研究の問題意識と課題にたち返った場合、歴史社会学的に見て、農村の高校分校などには「教育の機会均等」理念の徹底に果たした機能と役割、その機能と役割の今日的再評価のみでなく、さらには、「循環型社会」形成政策の一環としての「地域再興」「地場産業再興」「地域自治再興」等と並ぶ「地域の教育力」を再興する機能と役割を担う可能性がな

お潜在的に秘められていることに気づくところである。その場合、これまでは等閑視されがちであった地域や各学校レベルの史実の記載をあらためて教育社会学的手法で問い直す必要があろう。本研究においても、事例の記述と検討においてこの作業を行うつもりである。

　このように整理して検討すると、直接的に先行研究として数える文献は少なかったが、視点を変えれば、学校の事業・行事や活動記録、授業実践記録、生徒の作文や生徒会の諸記録など千単位の文献が眠っていることに気づくことを加筆して、以下、本論を展開することにしよう。

註

１）塩見淳一「勤労青少年教育の諸問題」滋賀大学学芸学部紀要、1957。

２）佐々木享「近代日本の職業教育・職業訓練の経験に関する研究の概観」、「職業と技術の教育学」第17号、2006。

３）板橋文夫・板橋孝幸『勤労青少年教育の終焉』随想社、2007。

４）畠山豊吉「定時制高等学校の振興と不振の要因に関する研究」岩手大学学芸学部研究年報第24巻、1964。

５）島方滉一「山梨県道志村における過疎化の実態」山梨大学学芸学部紀要、1972。

６）大脇康弘「戦後高校教育の歴史」教育学論集第23号、1994。

７）山内乾史「定時制高等学校の現状に関する一考察」神戸大学発達学部紀要、1995。

８）橋本紀子・他編『青年の社会的自立と教育』大月書店、2011。

９）横井敏郎「高校教育における市町村連合の意義：北海道市町村立農業高等学校振興対策協議会の活動と軌跡」北海道大学大学院教育学研究科紀要81、2000。

10）高野正「純農村に立地する小規模農業高校・学科の存立意義：北海道別海高等学校定時制課程酪農科の農業後継者を育てる教育実践から」北海道大学大学院教育学研究科紀要98、2006。

11）柿内真紀「現代における定時制高校の役割」鳥取大学生涯教育総合センター研究紀要６号、2009。

12）木田優彦「戦後改革による新制高等学校の設置と格差構造の再編成」お茶の水女子大学文教育学部研究年報、2009。

第三章　過疎・少子化地域の教育課題

　日本の人口は、巨視的に見て、有史以来右肩上がりの人口増を継続した。この背景には、食糧増産技術の向上、国際貿易などに伴う経済力の増大がある。しかし、近年の統計調査では、つとに人口減少が予告され、2010（平成22）年からそれが現実になっている。地域別に見れば、中山間地域と言われる農山漁村地域の大半は1960年代以降人口減少の途を辿り、それは1970年代以降加速化する。そこに生じたのが「過疎化」である。その約20年後、合計特殊出生率の低下に伴い、全国的傾向として「少子化」が進行する。この過程で、ほとんどの中山間地域は「過疎・少子化地域」の状態を呈し、今日では「限界集落」を超えて「崩壊集落」「消滅集落」もたち現れている。

　この過程で、過疎・少子化地域では学校の統廃合が進んだ。それは単に「地域に学校がなくなる」というに限らず、子どもの育成を契機に繋がっていた地域の社会的結合を後退させ、また、学校の維持に関連した地域住民の思考・参加・実践活動という社会的結合をも後退させる。併せて、時間の進行に伴う「高齢化」は、青年団、消防団、若妻会、婦人会など、地域の諸機能集団の後退をもたらし、近時は、家庭ごみの収集や福祉バスの運行などに関して集会を開いたり回覧板を回したりする自治機能さえ困難な状況になろうとしている。

　中山間地域に発生する社会事象をこのような視点から観察すると、教育問題は単に年少の子どもの教育というにとどまらず、地域住民全体の生涯学習を視野に入れた問題にも転ずることに気づくところである。

　では、過疎・少子化地域に発生する今日的教育問題の核心は何であろうか。この章では、住民の生涯学習までを視野に入れた中山間地域の教育課題を、1）ひとの発達過程、2）発達環境としての過疎・少子化する中山間地域、3）中山間地域における教育の課題、4）当該課題の解決・達成を目指す教育条件の整備、などの視点から迫る。なお、検討は、本研究を深めるための一つの章として必要な範囲にとどめる。

第1節　ひとの発達と教育

1．ひとの発達とその要件

　生物には一般に、時間の推移に伴う「種（類）の変化」と「個（体）の変化」の2つの変化が伴う。「種の変化」を「進化」、「個の変化」を「発達」と呼ぶのは既に常識である。一方、国語的意味合いからすれば、「進化」や「発達」には「後退」「衰退」「退化」などが対義語として付随する。これら対義語に共通する意味は「消滅」「死滅」である。では、消滅・死滅までを含めて変化の総体を観察した場合、それはどのように記述されようか。

　生物一般を一瞥すれば、進化の要件は「遺伝子」の保存とその世代間継承としての「生殖」過程における外部環境（自然）及び内部環境（遺伝子）の相互作用による遺伝子の変化にある。この変化が当該個体にのみ発生し、次世代に継承されない場合は、当該個体のみの変化に終わり、種全体にわたる遺伝子の変化を伴う「進化」や「退化」には至らない。しかし、長期間にわたってこうした変化が多くの個体に発生し次世代に受け継がれれば、それは遺伝子の変化を伴う「進化」・「退化」に連動し、場合によっては新「種」の発生や「種」の消滅も引き起こす。「進化」にはこうした一連の変化の意味合いがすべて含まれる[1]。

　では、個体の発達はどうか。発達は、生殖から誕生するまでの間に個体内部に蓄積された遺伝情報や身体的構造・機能が外部環境と接して相互作用することを要件に発生する変化である。ひとの場合、外部環境は自然のみでなく、人（他者）や社会・文化なども重要な意味を持つ。ひとを個体の発達から見た場合、では、どんな要件を伴うであろうか。

　ひとは生殖後およそ10か月の間、胎児として母胎で過ごす。胎児にとって、母胎は誕生前の発達環境である。母胎に届く栄養や酸素、微量物質や音、さらには母体の感情傾向など多様な諸性質が胎児の遺伝情報や身体構造などに影響することが医学的に解明されている。

　誕生以後、ひとは外的自然や他者、社会・文化などを環境として過ごし、この過程で遺伝情報に打ち込まれた筋書きと個体の身体的条件を内部要件として環境（外部要件）と出会い、相互作用し、その結果を内部・外部に創出しながら生きて行く。内側に創出した結果が「発達」であり、外側に創出した「態度と行動」

図-1　個体内部におけるひとの発達要件と発達結果

図-2　内部要件と外部要件との相互作用

の結果が社会的影響としての「出来事」及び「歴史」である。では、発達要件は、具体的にはどのような相互作用を展開するであろうか。

2．発達要件の相互作用

　ひとの個体内部の要件と、環境としての外部の要件を図解すればそれは図-1、図-2のようになる[2]。

　図-1は、個体内部の発達要件と発達成果を6つの視点から示したものである。1）から4）までは、発達手順の概略を示すものでもある。

　個体は、親から「身体的要件」を宿命的に受け継いで生誕する。身体的要件は内的自然の論理に従って時間の経過（加齢）とともに変化し、脳神経系などの発達の結果として「情感・感情的要件」を創出し発達させる。好き嫌い、愛憎、信不信などの感情を持ちながら、個体は他者や集団、社会や文化に関わり、自分の立場や役割、相手との関係や規範などを習得して社会化し、社会的地位や役割の体系に馴染んでいく。こうして社会生活が可能になり、法規範や道徳、文化や生活慣行をあたかも天与の環境のように適応した生活を繰り返すことになる。だが、そこに矛盾を感知し、自分自身の潜在的な思いや人生の目標などが彷彿とした場合、個体は時に「天与の環境」として馴染んでいた社会や文化に反旗を翻して「自

己」を主張することがある。この、主張する自己が「精神／実存的要件」である。

　「知識／技術」は「身体的要件」〜「精神／実存的要件」までの各発達段階でそれぞれ特有の内容として習得するものであろう。母乳の吸いこみや食物の嚥下などは最も早期に習得する身体的技術である。学校で習得する知的内容の大半は、脳神経系や知覚などの発達に伴う対象理解や関係の洞察・理解などの能力に随伴して習得が可能になるものである。同時に、対象との出会いの有無や対象への興味や関心の深さによって習得する知識の深さや技術の高さに個体による違いが生まれるのも事実である。

　人生は、こうした個体の「内部要件」と、外部要件としての環境との相互作用の過程で個体が辿る生涯の歩み（ライフコース）として展開する。一般には、入学、卒業、就職、結婚、育児、昇進、停年退職……などとして多くの個体に共通の生涯が見られるが、それを敢えて「人生」という場合、そこに、当該個体に特有の歩み、即ち当該個体自身の実存的選択としての「実践」が自覚・強調される。この点に着目すれば、個体には其々の人生、オンリーワンの「ライフコース」があり得る。冒頭に記した宮沢賢治などの例は、まさにこのオンリーワンのライフコースである。

　この意味で、教育は、一方で１）社会的必要に応じた「粒ぞろい」の人材を養成する活動であるが、同時に、並行して、２）個体それぞれがオンリーワンのライフコースを形成しようとする実存的主体へと発達するのを導く活動でもある。一般には前者１）を中心に教育課程が編成されるが、その進行過程で、それ以外の諸体験も加わって後者２）も進行する事実に気づかなければならないであろう。この点を自覚した場合、教育と学習を、あらためてライフコースの形成と関係づけて検討する課題が生ずる。

３．発達促進作用としての教育と学習

　教育や学習は一般に発達の促進を目標に行われる活動である。社会的地位、科学的知識・技術を巧みに利用した犯罪などは、社会的地位や科学的知識・技術の獲得を導いた教育や学習が悪用され、「裏目」に出た結果である。では、教育・学習はどのような意味あいで発達を促すであろうか。

　教育には「育み」の性質と「教え」の性質が分かちがたく結合している。その

各エッセンスを記せば、「育み」は、個体が持つ諸要件を導き出す働きかけである。衣食住を満たし、自然や集団に関与させ、読書の機会をつくるなどを通して、身体的、感情・情緒的、社会的、精神的諸発達を促す営みが「育み」である。語源的には、鳥が巣の中で卵を羽毛でくるみ、温めて雛をかえし、雛に餌を与えて成長させる営みである。成長した雛が「巣立つ」というところを「育つ」となまったのであろう。

　鳥の例になぞらえれば、巣立った後も子鳥は親鳥のしぐさなどから生きるためのいろいろな技を習得しなければならない。餌の探し方、採り方、天敵から身を守る方法の獲得など、ときには、親鳥が意図的に自らのしぐさを真似させているように見えることもある。これが「教え」である。一度は巣立った鳥でも、この教えに従わなければ、十分な能力を身につけることが出来ずに、群れから離れ、食に飢え、あるいは天敵にやられてしまうかもしれない。親鳥の教えに従って繰り返し真似てみ、自ら知識や技術を身につける過程が学習である。

　ひとの教育や学習は、もちろん鳥と同一ではないが、しかし、類似する側面も多い。ここからわかるのは、どんな環境の下で「育み」と「教え」が行われたか、それを個体がどのように内面に受け止め、解釈し、学習したかが問われることである。卵を温めていた親鳥が何らかの事故で死去した場合、卵は雛にかえることなくこと切れてしまう。成長した鳥としては十分でないまま親鳥やその群れから離れた場合、学習は個別の試行錯誤のみに終わり、群れの中で「種（類）」が代々伝承してきた生きる術を学習しないで終わるに違いない。

　では、ひとの教育・学習はどんな仕組みの下で継承されてきたであろうか。

第2節　家族・地域社会・学校における教育の構造

1．ひとの発達における家族・地域社会生活

　多くの生物の例を観察すれば、個体が単独で生涯を過ごす例は少なく、多くは群れ、ないし集団と関わって過ごしている。ひとの場合も、この形は生物として必要な要件であるに違いない。ただ、文明の展開過程において、今日、他者から孤立し無縁な状態で個を過ごすひとが現れているのも事実である。これらの事実に対して諸種の評価・判断があり得るが、人間・社会科学は一般にそれらを「問

題の事象」と認識することが多い。この認識に立って、その発生背景や予防、対策などが議論されるのである。

　純粋科学であろうとするあまり、あるいは没価値的に探究しようとするあまり、こうした事象を問題視することに疑問を抱く者も少なからず存在する。しかし、「純粋科学」も「没価値的立場」も相対的にはそれ自体が一定の立場や価値観である。そこで、筆者自身は、生物として人類が歩んできた歴史的事実の過程を相対的・暫定的な意味で「通常の事象」と定め、そこから大きく偏差する場合を「問題の事象」とよぶことにしたい。

　以上の前提に立って今日の教育を一瞥した場合、家族、地域社会、学校それぞれに少なからず「問題の事象」が生まれている。その逐一は既に多数の報告やルポルタージュなどに記される通りである。ここでは、それらがどんな背景によって発生するのかを探る準備をしたい。背景を探る視点は、ひとの行動に関わる家族や地域社会などの集団、学校などの教育制度が維持してきた仕組み（構造）と働き（機能）とその変容である。

　ひとは、一般に無意識的に家族や地域社会その他多数の集団や組織の中で、それら集団や組織に潜在する仕組みや価値観、行動文化などをいつの間にか「自然な状態」であるように感知し、それらに自分の判断や行動の規範を合わせ準拠していく。物語『王子と乞食』を例示するまでもなく、家族や地域社会はひとの発達において基礎的で重要な準拠枠を用意する準拠集団である。とはいえ、もし、この準拠枠が何かの要因で弛緩した場合、当該集団や組織はそこに所属する人々を準拠させる力を失い、ひとの身体・感情・社会性・精神などの発達に少なからぬ影響を与えるに違いない。

　では、これまで最も基礎的で重要な基礎的準拠集団として認識されてきた家族や地域社会はなお準拠性を失わずに保持しているであろうか。

２．家族・地域社会生活に潜在する教育機能

　生物には一般に「種（類）の保存」と「個（体）の充足」という２つの原初的ともいえる欲求がある。人類の場合、前者は人類そのものを絶やさない欲求であり、部族や民族、親族や家族などの集団維持を通してこの欲求を貫いてきた。他方、後者は、共に生活する部族や家族に準拠しながらも、自分の心身的特性を表

現する欲求として保持することになる。

　人類史という長いタイムスパンを想定すれば、ひとは部族や親族・家族などの集団を基礎的準拠枠として生活してきた。もちろん、そこでも各個体に特有の身体や感情が息づく部分があり、「集団優先・個の抹殺」という事態が常時漂っていたとは考えられない。とはいえ、災害や他の生物などによる「脅威」、病気や事故などによる「脅威」、さらには他の部族などの侵入に対する「脅威」などから集団を守るために、先ずは何よりも集団の安全と永続が求められたとしても不思議ではない。それゆえ、集団への準拠を求める社会的圧力は相応に強く、そこに生まれた個に対しては、幼少の一時期を除いて、「集団への追従」を基本に発達プログラム（教育課程）が仕組まれる。教育のこの形態は、学校制度を導入した近代教育にも受け継がれる。では、この形態の教育の骨格はどのように構成されていたであろうか、概観してみよう。

　ひとは先ず部族や家族、今日風に言い換えれば地域や家族に見守られるように誕生した。誕生は私的世界の出来事ではなく地域や家族のいわば「公事」であった。幼少の一時期、ひとはその身体的発達のために親鳥が卵を温めるような育みを必要とする。人類の場合それは幼少の子どもを育む母親の支援としても地域や家族に伝承されてきた。地域や家族における「育み」を基本にした教育課程はおよそ5～6年継続する。そこに流れる潜在的・無意識的な発達に関する認識は「這えば立て、立てば歩めの親心」と謳われるような「身体的発達」である。

　地域や家族が「身体的発達」を無意識的にも感知していたことには意識的・自覚的教育論の視点からも重要な意味がある。ひとの発達過程全体を見た場合、身体的発達が何よりも基礎だからである。この部分を損ねた場合、心身の活動に影響し、脳神経系の不十分な発達は感覚器官の発達にマイナス影響する。結果的に、感情や社会性の発達をも損ねてしまいかねない。人類はこの点に、古来、経験的にあるいは習性として気づいていたのであろうか。

　生後5～6年ほど経過すると、地域や家族は年齢相応にさまざまな教育課程を用意する。この教育課程を踏襲することが、経験の累積になり、加齢に伴う脳神経系の発達と併せて、次第に複雑高度な知識や技術を習得する仕組みが作られる。例えば、子ども組に入り、地域の子ども集団を経験する。そこでは、父母や祖父母や兄弟姉妹とは異なる「他人」によって構成される集団とその組織、そこに展開する行事や人間関係など、「いち　やーめた！」が通用しない世界が待っている。

行きたくないと拒めば、家族から「いい年になって！」と諫められる。また、同年齢の近隣の子どもからは「意気地なし！」「弱虫！」となじられることも多い。これらは「いじめ」ではなく、子どもを子ども集団になじませるための集団的装置であり、実効力としての社会的圧力である。

　それ以後も、若者組や娘宿、消防団や若妻会、長ずれば年寄組などに所属する仕組みがあった3）。家族では、宮参り、元服、しゃもじわたし、家督譲りなどが加齢とともに進行した。これらの半強制的集団所属や慣行は、無意味な儀式ではない。集団の保持、その意味では「種（類）の保存」を求める集団的欲求が具現化した一形態である。

　では、こうした教育課程に、今日の発達理論から見て、どんな意味があろうか。身体的発達については既にふれたので、感情の発達、社会性の発達の2点について検討しよう。

　地域の集団に加入・参加した場合、そこに個別個人の人格的交流だけでは感知できない集団の雰囲気、即ち、集団の風土が漂うことに気づくであろう。集団が持つ「空気」を読む（理解し、了解する過程）ところから集団への参加が根を下ろすことになる。この過程で、個人的な感情としての好き嫌いや快不快、信不信などを調節する力が必要になることがわかり、初めは違和感を覚えながらも次第にそこに馴染んでいくことになる。さらに、集団の規則や自分の立ち位置（地位・役割）などにも気づくことになる。加齢に伴い、世話を受ける状態から、世話をする役割が期待される（加齢に伴う役割交替）のを自覚するであろう4）。

　こうして、子どもの地域集団参加は、感情の調整、規範の認識、責任や使命の認識、役割交替など、感情や社会性の発達に重要な意味を持つのである。周囲の事情に気づくこと、役割期待されている自分に気づくこと、役割を遂行した場合の報酬として諸種の賛辞を受けること、それらが次の役割遂行時の自信や希望や勇気になること、集団と自分との間の調整ができるように社会化されること、などが発達的観点から見た意味であり意義である5）。

　では、今日、社会はこの仕組みと機能を順調に継続しているであろうか。

3．家族・地域社会生活の変容と教育機能の動向

　これも「人類史」という大きな流れに立った場合、経済活動の拡大、文明の進

展などを背景に、経済先進国と言われる国々を中心に、人類は「個（体）の充足」欲求が次第に肥大化し、結果として相対的に「種（類）の保存」欲求を低下させている。場合によっては「種よりも個」が優先される事態さえ生んでいる。経済活動は、基本であった「衣食住の充足（身体的欲求に起因）」段階を超え、快楽や美、社会的地位や評判など、個体の感情的欲求や社会的欲求を満たすための市場商品を開発する段階へと移行した。

　この過程で、地域や家族の在りようが大きく変容する。地域社会の場合、気象や地勢など地域の自然に制約された生業ないし産業を維持するために継承してきた共同体規制が緩み、次第に崩壊に向かっているように見える。生業の時代は既に終息したと思われるが、産業としての農林漁業も近代以後は第二次、第三次産業の興隆により、「雇用」と「収益」の両面から相対的に後退を余儀なくされた。本家・分家制度やそこに根付いた労働・生活慣行などに基礎を置いた地域社会の諸生活は、その集団性や組織性を崩し、次第に家族単位や個人単位の生活に解消してきた。かつては集落が一団となって迎えた正月行事や季節の祭りも、家族単位で執り行うか、または、行わない状態に変わっている。

　同様の変化は家族においてもみられる。家族は旧来、代を継いで存続すべき「家」制度と一体になっていた[6]。また、「家」の後継夫婦、「家」を発って自立する前に他界した家族員などは当該の「家」が持つ累代の墓に永眠することとして了解されていた。さらに、家族は経済的にも日常生活の上でも共助しあうべき集団として認識されていた。家族員一人の借金は家族全体の責任で返済するものと観念され、家族員一人の犯罪には家族全員が「世間に申し訳ない」思いを持つべきこととされていた。家族はいわば「家族共同体」として機能したのである。しかし今日、この認識や自覚は殆ど通用しない状態に変化している。生活の広範において家族の体を成しているように見える場合も、内実は大半が個別の生活を営む場合が多いのである。受験生や新婚夫婦はもちろん、勤労する夫の場合も、個室や個別タイムスケジュールが通用しているのではないであろうか。近時は働く妻にもそれは浸透している。家族はミニサイズ化しただけでなく、家族内個別生活化も進んでいるのである。

　では、地域社会や家族のこうした変容は、ひとの発達に対してどのような影響をもたらすであろうか。

　変化の本質に当たる社会事象は核家族化、ひとり親化、個別化などの進行に伴

う「きょうどう（共同、協同、協働）」の後退である。他者との調整場面の減退と言ってもよいであろう。

「きょうどう」は、人々に共有される課題が存在するとき、当該事態の維持や解決を目指して必要な活動を行うことを意味する概念である。したがって、「きょうどう」の後退は「共有課題」が少なくなったことを意味するにちがいない。確かに、この点から一瞥すると、かつて集落で行っていた冠婚葬祭や季節の地域行事、防災・防犯、水路や農道の普請など、多方面にわたって行政や民間企業に委託ないし代行注文する場合が現れているのを感知するところである。家族の場合も、住生活や衣生活に必要な労働のほぼすべてを民間企業に委託する状態になっている。集落や親族総出で行っていた屋根の葺き替え作業なども、世界遺産に登録された飛騨白川郷などの地域にほぼ限定されている。食生活についても、外部化された部分が増大しており、食事を原則として家族全員で取る家庭は減少の途を辿っている。

では、こうした「きょうどう」が多様な場面に亘って後退することに、問題は生じないであろうか。成人した個人から見れば「きょうどう」の後退はむしろ 柵 (しがらみ) からの解放として受け止められるかもしれない。かつてのような「合力」(こうりき) が必要な分については「社会（行政や企業）がする」という認識が今日では広く浸透していると言って間違いないであろう。そのために公的な部分については納税しているのであり、私的な部分については市場に出回る商品を自費で購入するのだという認識である。「自由な個人」「小さい政府」「市場原理」が社会制度的に連携するスタイルと言えようか。この連携は、時と場合によっては「種（類）の保存」と「個（体）の充足」の両者を満たそうとするバランスの上に形成される「公益」としての民主主義の成熟にとって有意義である。「大きな政府」の重苦しい圧力から解放された「1945.8.15」（日本）や「プラハの春」（東欧）がその象徴的、典型例であろう。しかし、例えば近時のアメリカで起きている「富裕層のみで作る独立市」主張の場合はどうであろうか。独立した市にとって有意義ではあっても、州や合衆国全体としては格差の拡大を増強するのみである。また、富裕状態が子々孫々まで永続する保証もない。

視点をひとの発達において見た場合はどうであろうか。「きょうどう」の後退は、幼少年期に感情や社会性を発達させる上で大きなマイナスである。集落や団地、旧来から続く町内など、地域がどうあれ、幼少年期の子どもにとって同年代、異

年代の多様なひととの交流が必要である。交流の場、機会を通して子どもは自分の感情や認識を他者との関係において確かめ、自分と相手の存在を同時承認する感情や社会性を発達させるのである。もちろん、他者との交流は自信の喪失や自己嫌悪を引き起こすこともある。そこをカバーするのが保護者や家族であり、相互に連携し合った地域住民である。保育所や学校の場合は保育士や教師にこの役割がかかっている。子どもはまた、単に保護されるだけでなく、年齢相応に相手に対して自分にできることを行う活動を通して発達を遂げる。社会に必要なこと、つまりニーズの満たし方が極端に「市場原理」に委ねられた場合、労働市場化したアルバイトはあっても、発達を促す子どもの役割は減少する。子どもだけではない。従来、学校が保護者に協力を依頼してきた「一人２枚の雑巾提供」に対して、大分市などの地方都市においても、今日ではデパートなどで購入した雑巾を持たせる保護者が大半になっている事実があるのである。時間を調整して「子どもに持たせる雑巾を縫う」ことで、子育ての自覚が促されるはずの「雑巾提供」がその本質を失いかけているのである。一事が万事とまでは言えないが、こうした事態は多方面においてたち現れて来た。花屋に墓前の供養参り（花屋の新商品）を委託して墓参りをしないで済ませる家族も多い。「生業」や「暮らし」の大半が「商品」や「ビジネス」になった今日、かつて、自然や集団、そこに見えない姿で存在すると信じられていた神々がことごとく可視化され、否定的に扱われる今日、若い成人だけでなく、壮年期成人や高齢になった人々もまた、年齢相応の感情や社会性の発達を促す社会参加、社会的課題の解決などを「きょうどう」する体験もなく、したがってまた、自分の趣味を超えた生涯学習を累積しないで年齢を重ね始めているのである。成人や高齢者にも発生しているいじめや犯罪の一要因はここにあるのではないであろうか。

4．学校の教育機能

　近代の学校は、言うまでもなく教育機能を実現する機関として制度化されたものである。したがって、学校は教育を専門に行う機関であり、教育効果いかんが学校評価の中心的課題になる。近代学校は明治になって急速度で普及したが、最初に整備されたのが大学と小学校であった。大学については幕府の学問所や私設の塾などが母体として存在していた。小学校は分校も含めて短期間に全国津々

浦々に創られたが、地元の地主などの協力・功績によるところが大きかった。中等学校は各藩の藩校を母体に創設されたが、進学欲求の向上や社会的人材の必要などが生ずるに連れ、県立あるいは私立の教育機関として、地域社会の意向や創設者の教育思想などを背景に各地に創設された。これらを統括し、監督した政府機関が文部省である。

　国や地域の指導的立場にある人達が学校に求めたのは、国民の育成を本旨とする小学校、中堅技術者養成を本旨とする中等学校、高度の技術者及び国の管理・経営・指導者養成を本旨とする大学であったと言える。学校制度が実際に動き始めるとそこに若干の微調整が必要になる。大学への予備門として高等学校が設置された。また大学に連続する高等学校入学を教育課程の中心にした中学校と中堅技術者養成に重点を置く実業学校、さらに女子に対する中等教育機関としての女学校などが分化する。さらに、大学に近い水準の高度技術者養成を本旨とする高等専門学校が各地に創設される。学校のこうした動向は、日本の産業・経済活動の進展と密接にかかわっている。20世紀の半ば、敗戦に伴う大がかりな教育改革を経験するが、学校が地域社会や産業・経済の動向と関係してその在り方が決定されること自体は変わらない。戦後は、高度経済成長下に、5年制の高等専門学校が創設された。また各種専修学校が産業界との橋渡し役を担って久しい。

　ところで、こうして記した諸種の、諸段階の各学校についてであるが、そこに「不登校」「校内暴力」「学級崩壊」「いじめ」などの発生を敢えて想定した事例はなかった。学校はそれぞれ学校に求められる教育機能に即して教育課程を踏襲する場として受け止められたのである。したがって、義務化されていた初等教育以後の段階においては、退学処分を含む罰則等規定があり、数値上大きくはなかったが、該当生徒・学生にはそれが適用されていた。

5．学校に期待される教育機能の動向

　日本では、とりわけ義務教育段階において、学校は教科に関する授業と成績管理のみならず、児童・生徒の「生活指導」も行ってきた経緯がある。また、教師文化の一部に、貧困家庭児童の福祉的世話や病弱児への配慮などもあった。それらは公的活動として公務分掌化され、今日の学校保健、給食指導、安全指導、生徒指導などに連動している。

　学校はこうして、「教科の指導」を行うだけでなく、児童・生徒の生活全般に関する指導もするという認識を社会一般に広げてきたのである。帰宅した後の交通事故や長期休業中の非行、家庭で行うネット上のいじめやトラブルなど、学校は本来の機能を超えて幾多の業務を抱え込んでいる。児童相談所、警察署、福祉事務所などが扱うべき事案も、学校と無縁ではなくなっている。学校はこうして、今日、次第に機能が拡大、多様化し、逆にそれらに十分な対応が出来ずに機能不全化している面がある。では、なぜそうなったのであろうか。

　児童・生徒の「生活指導」面にも教師がタッチした形跡があることを記したが、この場合、地域社会や家族がまだ機能不全状態になっていない時代、それは特別な事であり、学校や教師の特別な計らいとして保護者や住民に受け止められていた。所与の業務外の活動であるから、公的報酬はないが、教師に対するよい評判であったり、農作物の差し入れで会ったりという程度の私的で非公式的な報酬がときたまあった。端的に言えば、学校と地域社会や家族との間の潜在的な信頼関係が、学校機能の拡大を支えていたのである。

　しかし、学校のこうした活動はいつしか「当然のこと」つまり教師役割に付随する活動として受け止められることが多くなると、部活動の指導はもとより、生徒指導も本格化し、教師の多忙化が進む。また、地域や家族の変容により、地域や家族における教育課程の質が低下し、挨拶の習慣形成や食事マナーの習得さえも学校の指導として求められてくる。夜間に生徒がバイクを乗り回したり、スーパーマーケットで万引きしたり、時には夜遅く自室で聞く音楽が集落や団地に流れ出した場合も、住民は生徒本人や家族にではなく、学校に通報するようになってきたのである。学校と地域社会や家族との間に潜在していた信頼関係が後退し、こうした機能を十分果たせない学校が「責められる事態」が生じはじめる。

　こうした状況下、小学校までは一般の公立学校に通わせていた保護者の中に、中学校以後は試験にパスしなければ入学できない学校を選択する状況が生まれる。高校段階になれば、同じ普通科の高校でも格差が鮮明になり、本人の成績と家族の経済的文化的条件が整っている生徒の進路先を頂点に、学校が序列化する。下位校に序列化された高校の場合、真面目であることがいじめの対象になることもあり、生徒は、学校や学級の雰囲気に自分を合わせようと懸命になる。そこでは、家族では行っていないマイナスの行動規範を、学校で仲間に合わせなくてはならないと感じる圧力によって露わにする生徒も現れる。こうして「学校が無ければ

起きなかった」事件が発生することもあるようになったのである。

　こうした事件などが発生すると、評論家や研究者と言われる人たちの中には、学校を全面否定するような批評を下す人もいる。だが、冷静に事実を分析すれば、こうした事態が発生する背景に、地域社会や家族の変容、教育の「商品化」「市場化」という社会全体の構造的変動があることに気づかなければならないであろう。その場合、特に重要なのは、そうした構造を形成している単位個人としての自分の態度や依拠している行動文化を振り返る能力である。

第3節　教育機能の展開に見る過疎・少子化地域の教育課題

1. 少子化に伴う教育の経済効果に関して

　教育を機能という面から探ったが、今日特に経済界などから問われるのは、その経済効果である。投じた費用に対してどれだけの効果を生んだかが問われるといってよいであろう。その場合、効果の指標が問われるが、一般的・公式的には、卒業生数や資格取得者の絶対数及びその比率、進学者の絶対数及びその比率などが指標として選択されることが多い。質的な指標は少ないが強いて挙げれば、同じ進学者数の場合でも「難関校進学者数及びその比率」「国家資格など有望資格取得者の数及びその比率」「優良企業への採用者数及びその比率」などが量的側面のみでない質的側面を表すデータとして採用される。これらの指標が問うのは、つまるところ「権限の集中する職」「高度な知識と技術が求められる職」「高い収入の職」の3点に集約される。学校の多くはこうした指標によって評価される傾向があり、少子化した今日、中山間地域の小規模高校や、少人数になった勤労者のための定時制高校、さらにはいろいろな理由で入学前に多様な課題を背負って入学する生徒のために創設された新タイプの高校などは教育効果という点で高く評価されない現実がある。

　中山間地域に設置された小規模高校の場合も同様である。小規模高校の場合、教員1人当たり生徒数が少なく、また特に「難関校」への進学者が多いわけでもないことが重なり、当該高校の存続が高い評価を受けることは厳しい状況である。少子化過程において、ますます小規模化する中山間地域の高校が、こうした評価の仕方を「返上」するには、小規模化した地元の高校についてどんな教育機能を

評価の視点にあげて具体化することができるかを探らなければならない現実に直面するのである。

2．教育への期待の多様化に関して

　高校教育に対する期待の多様化もまた、中山間地域小規模高校の場合、対応が困難になる可能性が大きい。まず、教員の絶対数が少ないことである。また、全体的傾向として経験年数の少ない教員が多数を占めることも指摘しなければならないであろう。さらに、教員の多くが都市部出身であり、中山間地域住民の人間関係や社会関係、文化や行動規範などについて必ずしも十分には熟知していないこと、特に1970年代以降は、勤務先の地域に居住しないで自分の出身都市部から車によって通勤する教員が多くなり、勤務先の地域住民との関係が十分深まらない例も多い。多様な期待にこたえる態勢という点で課題が生じているのである。

　併せて、半世紀ほど以前であれば、自宅からの通学が可能であった地元の高校にも進学しなかった社会階層の生徒が、今日ではほぼ全員入学してくるようになり、経済的貧困以外の多様な課題を抱えながら高校卒業資格を求めて入学する生徒に対して、中山間地域の高校は少ない教員によってではあるが応えなければならない事態に直面する。中山間地域の高校の維持・存続を都市部の納税者に説得するには、どんな教育機能について、どんな対応をすることによって、国全体としてどんな教育効果を上げることができるかについて、実際の達成数値ないし達成事例を持って挑まなければならない状況が生じているのである。

3．地域社会の担い手育成期待に関して

　都市部の高校の場合も、一般に当該都市域の産業や社会の担い手養成期待を受けるが、中山間地域の場合、この期待はさらに大きくなる。長い間、中山間地域の高校は、中等教育を受けさせた地域の大多数の生徒を都市部の第二次、第三次産業に就業させることを当然のこととして継続してきた。生徒から見れば、高校は、地域のしがらみから自己を開放し、収入の多い職種に就業する手段を授与する機関であった。しかし、少子高齢化が進行する今日、地域社会は人口の減少を食い止めることにも力を入れ始めている。生徒を「外に押し出す」装置としての

高校から、生徒をして「地域の維持・創造者にする」装置としての高校に切り替える期待が高まっているのである。この課題に応えるには、地域で起業しようとする生徒を養成したり、地域社会自体が地域内に雇用を拡大したりしなければならない。こうした雇用・労働・起業などの経済・労働の実際と高校教育とが連携しなければならないことになる。

第4節 過疎・少子化地域における教育の課題

1. 教育内容・水準の維持と「適正規模」に関して

　教育の機能を視点に、過疎・少子化地域」の教育課題を概観した。この節では、これを、高校としての「適正規模」「青年期の発達課題」「地域社会の担い手形成」の3つの視点からより詳細に検討したい。まず、教育内容及びその水準と適正規模との関係について検討しよう。

　学校は、特に意識的ではなかったにせよ、集団で学習する機関として設置されてきた。その意味では、学校に「適正規模」という概念が持ち込まれても不自然ではない。問題が生ずるとすれば、その「持ち込み方」と運用である。少子化に伴う近時の教育行政論議において顕著なのは学級編成基準に満たない状態が続く小規模校の経済効果である。勿論、表向きに公表されるのは「少人数教育における切磋琢磨の限界」である。視点の異なる両論議は多くの場合、交わることのない平行線をたどる。ではこの点に留意して、1）集団性、2）個別性、3）教育と学習の水準、4）経済効果、5）発達上の効果の5つの視点から過疎・少子化地域に発生している教育の課題を検討してみよう。

　「集団性」を視点にすれば、発達上において問われるのは複数の多様な集団の有無である。家族と地域社会はいわば「宿命的」集団である。そこに学校や学級がどんな集団としてたち現われるかは子どもにとって重要事項の一つである。1学級が何人以下（以上）であることが望ましいかは意味を問わずに決めることではなく教育的論議を重ねて決めるべき事項である。子どもに必要なのは、親密性と信頼関係を基礎とするピアグループと、そうした関係を超えて必要な課題に対応する一般的集団の両方である。この2つが充足されるなら、規模の大小はひとの発達に大きな影響はない。いわゆる地方の小規模校出身者の中からも、国の指

導的地位に就く者が現れ、起業して多くの従業員に雇用の途を用意する者も現れるのである。各人がどんなライフコースをたどるかは、一方で社会的なコーホート効果と言われる歴史社会的条件による制約が付きまとうが、他方で本人自身の実存的な体験による自己決定も大きく関わる。したがって、社会が成熟すれば、近代国家形成初期の歩みにおいて必要であった「粒ぞろいの国民」育成よりも個人の実存的体験を重視する「個性を持つ国民」育成のほうが重視されるかもしれない[7]。また、ピアグループや一般集団が重要であるという点から見れば、小規模高校に、むしろ好条件がそろっている可能性もある。少人数であることにより、生徒同士が互いの個性や社会的条件に配慮して交流する機会が多くなるからである。

２．生徒の通学条件と「適正規模」に関して

高校が「適正規模」の保持を重視するあまり、人口の希薄な地域に所在する広範囲の学校を統廃合した場合、生徒の通学条件はいよいよ厳しくなる。場合によっては遠隔地の高校の所在地に下宿することを余儀なくされる。そうなった場合、１）生徒にかかる経済的負担の増大、２）生徒と地域社会との関係の一層の希薄化、の２つが地域や家族の課題として生じてくる。

１）は地域間格差の拡大問題として、２）は青年期の地域社会への関与とひとの発達に関する問題として、さらに二次的な課題にも連動する。一般に言われ始めている「１学級40人、１学年４学級以上、全校12学級以上」などの「適正規模」を、こうした問題や課題と対照させ、何処に調整ラインを引くかが問われるのである。

３．地域社会の担い手育成と「適正規模」に関して

「適正規模」にはもう一つ「地域社会の担い手」としての生徒の育成問題が絡む。旧来、高校の殆どは、地域社会の責任で生徒を教育し、産業社会に適応する能力を付けて地域社会の外に送り出すことをその本業として行っていた。しかし、今日、中山間地域を抱える多くの都道府県において、高校教育をこうした旧来の姿のまま継続することの可否について多様な議論が沸き起こっている。地域社会の

潜在的な社会資源としての生徒を、地域社会の後継者、担い手として育成する必要が自覚されてきたのである。府県によっては、このために専門高校をより充実させようとする動きも現れている[8]。

　こうした視点から見ると、「適正規模」の発想が普通科に適合する発想ではあっても、専門科には必ずしも適合しないことがわかってくる。こうした理由があるからであろうか、近時は総合科の高校が増加傾向にある。

　担い手育成つまり地域社会の人材育成という点から見ると、「適正規模」にこだわるよりも地域社会が必要とする人材の質的側面の検討が特に重要になる。ひとの発達上からは、単に学校で学習する知識や技術に限らず、地域住民とのコミュニケーション能力、地域に横たわる課題の感知能力、課題解決方法や手段の検討能力、さらに自分と課題を結びつける態度と実践能力などが問われるであろう。こうした総合的かつ現実の生活に基礎づけられた、その意味では実存的体験を継続的に成していく青年期の学びの場としての高校の仕組みが必要になる。

4．青年期の発達課題から見る高校教育の課題

　青年期の発達課題はエリクソンによれば「アイデンティティーの確立」である[9]。では、アイデンティティーはどのようにして確かな内実を成していくのか。一般に、アイデンティティーは「自我同一性」と邦訳される。邦訳されても難解な用語であるが、あえて踏み込んでみよう。ヒントになるのは「自我同一性」が確立しなかった場合に起こるとされる「自我拡散」との対比である。

　「自我拡散」を「裏」とすれば、「自我同一性」は自我が一通り確立した状態、前に記した図にそっていえば、身体的・情感／感情的・社会／文化的・精神／実存的発達段階を相応に踏襲した状態である。それに伴う知識や技術の発達が見られ、自分の人生（ライフコース）を自分の意思で歩もうとする意欲と動機がたち現れたことを語る概念である。それには、今こうして採っている態度が自分自身の意思によって作られた態度であり、行っていることが自分の意思に根拠を持つ行為であり、歩もうとするライフコース形成意欲とベクトル（方向）が、他でもない自分自身の「自己決定」によるものであるという確信が持てるこころの状態が裏打ちされている必要がある。では、こうした「自我同一性」の裏打ちは、どんな経験、どんな過程を踏襲することによって生まれるのであろうか。

　ひとは一般に、周囲の先人たちの態度や行動に準拠して自分の態度や行動、思考傾向などを形成する。しかし、人生上、周囲に合わせるだけの自分ではいられなくなるような体験に遭遇し、自分自身の考え（意思）を基本に態度や行動を決めなければならない事態に遭遇することがある。例えば、災害発生のさなか、自分の逃げ場も失いかねない状況下で、助けを求める高齢者に遭遇した消防隊員の場合である。久々の有給休暇旅行中に列車の中で急病が発生した場合の医師や看護師の場合である。同様に、集落が「限界」化していく過程で、あらためて集落組織の再編が必要になった場合の集落代表の場合である。

　やや誇張した場合を想定したきらいはあるが、ポイントは深く重要な課題が問われる「自己決定」を年齢相応に体験することである。こうした体験において、その一つひとつを自らに受け止める姿勢を一定程度維持し継続するところに、「私の」「己の」「自らの」などの語で語ることのできる自分の「意思」が形作られ、自分の意思で決定した行動や活動、思想や社会的態度・活動などに大きくぶれない自信が生まれるものであるに違いない。この自信に裏打ちされたこころの状態が「自己同一性」、アイデンティティーなのである。

　アイデンティティーをこのように解釈すれば、それは座学（机上の学問）のみによって確立するものではなく、いろいろな状況下に生きる他者や、さまざまな問題を抱える地域社会などに直に遭遇・接触し、相手や問題に冷静に共感し、相手の立場や社会の問題を「自分自身の問題」として受け止め、解決策を思考・検討・試行するところにこそ確立するものであることが理解できよう。それは、自他の置かれた客観的状況を冷静に認識する能力や、そこで自分が採るべき人道的かつ冷静な判断能力、結果に対する責任及び解釈・受容能力などを基礎にしてようやく確立できるものであることも理解できるであろう。多くの場合、ひとはもちろん一定のアイデンティティーを確立してはいるが、同時に多くの場合、大きな流れに乗る、関心は示しても実践にまでは踏み込まず、時には勝ち馬に乗ることさえ「選択」と名付けて行ってしまいかねないのである。これも前に記したが、宮沢賢治などの場合、そうした行為が極力調整され、他者への共感や、未来社会全体のより良い状況を想像して自己決定する、文字通りアイデンティティーの確立した人達であると言えよう。

　青年期の教育課題をこのように踏み込んで検討した場合、家族や地域社会の現実の問題や課題に直面する機会を失うような学校制度やその運用は、制度設計上、

好ましくない部分があるのではなかろうか。

5．過疎・少子化地域における高校教育の課題

　日本の経済成長が全体として右肩上がりで、国の財政に相応の余裕があった時期、地域社会と教育の課題を論じる視点は「行政による十分な措置」の有無に集中していた。この視点はもちろん今日も継続しており、なお論拠のある視点である。同時に、経済成長が横ばいから右肩下がりまでを経験する過程で、私たちは新たな異なる視点の発掘に努めなければならない事態に直面している。財政上の危機はもちろん、同時に「経済効果」などの評価指標が浸透したこと、さらには、人口減少過程における「限界集落」の多い中山間地域人口の「政策的・計画的移動」を行財政上の政策検討課題に挙げる例も現れて来たのである。国の経済の太い流れが「大量生産」「大量消費」に傾き、この過程で人口の希薄な地域は「少量消費」しか見込めないのにその維持に多大な経費を要することに異議が現れはじめたのである。

　こうした異議を乗り越えるには、過疎・少子化地域における高校教育の課題についてどんな新たな視点が問われるであろうか。

　日本の中等教育機関設立史を振り返ると、中等学校の設立には次のようなルートのあったことがわかる。ひとつは「藩校」など、旧支配階層の学び舎である。第二は、人口が一定数に達する地域の中心的都市に県立中等学校が設置される例である。第三は、篤志家や資産家などによる私立学校としての創設である。さらに第四に、地域代表による郡議会などの合議を介した「地域（郡や組合）立」中等学校である。農・工・商業などに関わる実業（専門）系中等学校の多くはこのルートで設置されている。二十世紀半ば、戦後の新制度の下に生まれた小規模の高校分校もここに類別される。ところで、これら４つのルートはそれぞれに特徴的であるが、大きく２つに類型化することが出来る。一般には「公立」と「私立」という類系設定を想定するであろうが、もう一つ異なる類型設定を試みるとすれば、それは、前の３つのルートが「背骨」にあたるバックグランドを擁しているのに対して、第４のルートが「地域住民の総意」に支えられなければ創設も維持も不可能なルートであることである。

　極論すれば、前の３つのルートは、大半の住民がマーケットや商品の「選択」

に類似する行為として進路先の高校を決めるのに対して、第４のルートの場合、住民がどんな総意を打ち出すかによって内容も運営も異なってくる「住民が参加して創設する」型の高校になり得る点が前の３つと異なるのである。もちろん、どちらの場合も、国の基本法令を遵守することは言うまでもない。

　では、「参加型高校」の場合、教育の本質論に立った場合、何が「選択型高校」と異なるのであろうか。後の章にも例示するが、筆者が調査した事例に関して記せば、「参加型高校」の場合、設立・運営・維持管理・効果の表出など、教育の全過程に少なからぬ住民の「認識」「思考」「意思決定」など、文字通り「主体的」な社会的・精神的参画・参加活動が躍動するのである。こうした躍動が消滅すれば地域に高校がなくなるという危機感と危機管理責任を多くの住民が自覚するからである。こうした危機感や危機管理責任感は、高校が無くなる可能性が感じられない中規模以上の都市住民に存在するであろうか。これは、そこで学ぶ生徒についてもいえる。つまり、自分の生活環境としての地域社会が持つ教育に関する社会資本（social capital）としての高校に対する地域住民の多く（含生徒）が関心を持ち、自助・共助・公助のそれぞれに慣例や法令に即して働きかけていく姿勢がみられるのである。もしこうした高校を安易に失くした場合は、自助・共助する住民の「認識」「試行」「意思決定」する躍動が全国各地から消滅しかねないことになる。失くした場合は確かに「経済効率」は成果を上げる。しかし、同時にそれは自助・共助・公助の各力を見極め、仕分けしながらも、地域の「きょうどう」で必要な社会資本を創造しようとする意欲、方法、実践的態度と行動などの多くを地域社会から減退ないし消失させかねないのである。「平成の大合併」が結果として新市の周辺部になった旧町村部住民に「諦念」観念を蔓延させはじめているのではないかという声を頻繁に聞く昨今である。

　こうして、従来とは異なる視点に立った場合、国の全体的施策として「中山間地域の段階的消去」を地域住民が自ら意図するなら別であるが、「中山間地域の再興・再生」を政策に謳うなら、そこで発達過程を辿りつつある中山間地域に居住する子どもに、高等学校までの学校教育を保障するほうが、国全体として、「意欲的人材確保」の点からも「質的教育効果」の点からも有益である可能性が横たわっていることに気づく。

　では、こうした点に気づきながら、なぜ中山間地域の小規模高校廃止のベクトルが根強く残るのであろうか。次章に、こうした点に幾分かは気づきながらも残

りの半面で「量的教育効果」に拘泥する側面を帯びる教育行政や住民の「高校改革」に関するいろいろな試行を見て行こう。

註

1）こうした生物学や医学に関する知見の情報源については、ここでは NHK が近時報道した科学に関する特集番組によっている。

2）図の1及び2は、ひとの生活領域に関する笠原 嘉（かさはらよし）氏の見解によりながら筆者が独自に考案したものである。

3）これらの年序集団については民俗学の解説書を参照。新岩手風土記刊行会『新岩手風土記・第一巻』昭和55年、創土社、石倉あつ子『子どもと老人の民俗誌』岩田書院、2001、拙著『ひとの発達と地域生活慣行』近代文藝社、2012など。

4）役割取得に関して、社会学においては「役割理論」が存在するが、この理論はひとの発達に関する説明においてもっと活用されてよいのではあるまいか。

5）社会化については、住田正樹・高島秀樹・藤井美保『人間の発達と社会』福村出版、1999、ほかを参照。

6）家制度については、有賀喜左衛門『日本家族制度と小作制度』1943、を参照。なお、本書では1966年版『有賀喜左衛門著作集』未来社、第Ⅰ巻及びⅡ巻によっている。

7）こうした議論は、教育を問題にした議論においてまだほとんど行われていないように思われる。しかし、例えば芸術家や文学者などの生い立ちなどに関して、とき折り触れられることがある。ひとの発達や教育は「こころ」の深層から論じる視点が必要なのではないかと感知するところである。

8）例えば筆者が2009（平成21）年7月23日に訪ねた宮崎県教育委員会において、「県民流出に歯止めをかける意味でも、専門高校の充実を検討するようにしている」旨の指摘があった。

9）エリクソンの発達課題説参照。

第四章　高校教育の課題と府県における　　高校改革の試行

　近代以後の学校教育は、国民国家形成の基本要件たる経済的・社会的に自立した国民の形成を目的に設置され展開した。学校は、近代的産業及びその下に広がる諸種の近代的職業を支える知識と技術を教授する場になる。したがって、従事する職種と卒業する学校の段階・教育内容が次第に系列化し、学歴社会が出現した。この過程で、多くの国民が「せめて中等教育までは」を志向しはじめ、高校進学率を97～98％水準まで押し上げる。

　進学率がこの段階に達すると、進学しない行為に対してマイナスの烙印が押される可能性も生まれる。高校は、こうして、いわば「進学圧」とでもいうべき社会的圧力によって「卒業しておくべき学校」と受け止められる存在になった。高度経済成長と進学率の上昇過程において、高校は各地に増設され、かつて分校であった学校も独立校化をめざした。

　しかし、この「右肩あがり」の状況は、少子化の進行によって急変する。増設された学校の統合再編や、小規模分校の廃止などが俎上に載る。他方、社会全体の動向や産業界の動きに並行した高校教育再編も浮上する。こうして、「少子化」と「産業界の動向」などを抱き合わせた高校教育改革が20世紀末から各地に起こった。この過程において、自宅から無理なく通える範囲に高校が無くなる生徒が現れ始める。これらの生徒にとって、「高卒」資格取得の可否は家庭の経済力に委ねられることが多い。取得できない場合は就職において不利になりやすく、ここに、あらためて、高校改革の在り方を探る場合に、「教育福祉」の課題が生まれていることに気づくのである。

　本章は、こうした、今日の中山間地域に所在する高校の改革をめぐる諸種の課題について、問題が指摘される諸視点から整理して把握するものである。

第1節　少子化の進行と高校教育の課題

1．本節のねらい

　進学率の上昇は、生徒の学習成果においてのみならず、学習態度や学習内容への意欲・関心など、学習文化においても多様な生徒の受け入れを要請する。この過程で、学校間格差や校内格差などが生じ、ここにも高校改革を促す動因が見え隠れする。他方、幾度も取り上げたとおり、少子化の動向は止む気配を見せない。少子化と生徒の多様化が同時進行する事態を迎えておりそれは中山間地域の高校においても同様である

　以上の認識に立ち、本節で探るのは次の点である。

　　1）「少子化」「生徒の多様化」過程における高校教育改革の課題に関する全体
　　　　像を探る。
　　2）中山間地域に所在する小規模高校に対する改革案の具体化過程を検討する。
　　3）具体化過程における、住民参画・参加と地域振興対策との関係を探る。
　　4）高校改革計画における「地域社会との関係」に関する特徴を探る。

　なお、活用する資料は、秋田県、福島県、長野県の公表された高校教育改革計画類である。

2．高校教育改革の今日的課題

　高校教育は、今日、多様な視点から検討を迫られている。産業界・職業界からは、システムや技術の革新に見合う教育内容が求められる。伝統的地場産業などの根付く地域からは地域の担い手育成が要請される。高等教育機関に進学予定の生徒からはそれぞれに多様な進学に即した教育が求められる。また、義務教育終了までに種々の理由で十分な基礎学力を習得できなかった生徒からは、その分の回復も暗に求められる。加えて一層進行する少子化である。では、こうした要請や状況は教育政策担当部署にどのような課題として認識されているか。

(1)　秋田県の場合

　現在の改革は平成17（2005）年7月に策定した『第五次秋田県高等学校総合整備計画——後期計画（平成18〜22年度）——』を基礎にしている。「第五次計画」自体は平成12年7月に策定された。敢えて後期計画を立てざるを得ない理由を『計画』は次のように記す。

　　「……長引く不況による産業構造の変化や少子・高齢化に伴う社会構造の変化、国際化・高度情報化社会の更なる進展、巨大な負債を抱えた国や地方の財政危機状態等が、本計画を策定した当時には予想できなかったほどの状況になっております。とりわけ、中学校卒業者数の減少と財政問題は、本県の高等学校教育の今後の充実にとって無視できない状態にあります」[1]。

この状況認識に立ち、後期計画は次に示す9つの整備に関わる視点を提示する。

1）　主体性を生かした教育課程の編成……①授業改善による学力向上、②個に応じた教育、③体験的学習の推進、④高校と中学校、大学との連携
2）　グローバル化に対応した教育の推進……①国際理解教育・国際交流活動の推進、②外国語教育の改善、③情報教育の充実、④環境教育の充実
3）　家庭・地域社会との連携の強化……①学校五日制への対応、②ボランティア活動、インターンシップの推進、③地域と意見交換をする機会の設定
4）　教員の研修と資質能力の向上……①教員の研修、②教員の危機管理意識の向上、③カウンセリングの充実
5）　全日制の課程の適正な規模と配置……①1学年の学級数、②学校の統合等再編計画、③女子校の共学化
6）　中高一貫教育の推進
7）　特色ある学科、コース、類型への対応……①職業教育を主とする専門学科の改善、②他の専門学科、コースの整備、総合学科の改善
8）　定時制の課程及び通信制の課程の改善と整備……①定時制・通信制の課程の将来構想、②フリー・スクール的空間の設置
9）　少子化・学校の小規模化・統合等に係る学校の諸課題への対応……①社会性の育成と新たな学校における特色づくり、②学校間連携による学校行事や部活動の実施、③特色あるカリキュラムの編成、④遠距離通学者への支援[2]

(2)　福島県の場合

　現在実施している内容を裏付ける計画書は平成11（1999）年に策定した『県立高等学校改革計画』である。本計画書は平成 3 （1991）年に福島県教育委員会が同学校教育審議会長に当てて諮問した「生徒減少期における高等学校教育の在り方について」を受け、平成 5 年に出された「答申」に基づき、第一次まとめを平成 9 年に、第二次まとめを同11年に行った結果を踏まえたものである。僅か 2 年の間に 2 回のまとめが必要であったことからも今日的課題の大きさと広がりが推測される。2 次にわたるまとめに共通するのは、「生涯学習の観点、個性尊重の考え方に立った柔軟で多様な高等学校教育の充実及び地域に根ざした学校づくりの観点などを踏まえ、すべての県立高校における男女共学の実施や学校の適正規模の確保、学校・学科の適正配置、新しいタイプの定時制単位制高等学校の配置など、本県における今後の高等学校の在り方を取りまとめた……」とする見解である[3]。なお、第二次まとめによる計画は平成19年度までを目標にしており、現在は次の計画を検討する段階に入っている。では、現在、福島県にはどんな課題認識があろうか。第二次のまとめから探れば、課題は次のように認識される。

1 ）学校の適正規模化……広い県土という地理的条件を加味し、1 学年 4 ～ 8 学級を適正規模とする（全国的には 6 ～ 8 学級が多いが）、9 学級以上の学校は計画的に 8 学級に削減するが、他方、生徒減少が著しい高校は隣接校との統合もある。学級編成については国の動向や地域の実情などを踏まえて検討する……など。
2 ）学校の適正配置……原則的にどの地区にあっても希望校が選択できるよう課程設置などについて配慮する、生徒の今日的な多様なニーズに対応する定時制を配置する、県中央地区に通信制高校を配置する……など。
3 ）学科の適正配置……普通科、普通系専門学科、職業系専門学科及び総合学科の各特色を生かした適正配置……など。
4 ）県高校教育の充実……中高一貫教育、学習施設・設備の整備、教員の研修、入学者選抜制度の改善、地域に開かれた学校……など[4]。

(3)　長野県の場合

県教育委員会が生徒数の減少を踏まえて「高校教育の改善充実について」を策

定したのは平成10（1998）年６月である。この時点で、生徒数が激減する４校の定時制課程を廃止した。本格的検討は平成16年１月に「長野県高等学校改革プラン検討委員会」を設置した後である。

　検討委員会は大学教員４人、高校教員１人、経済界２人、NPO法人１人、計８人で構成し、住民を対象に実施したアンケート結果も参照に、高校教育の理念・内容・方法などの検討を進め、その上で現実的対応策を提出する手順を採った。平成16年８月に「中間まとめ」を、同17年３月に「最終報告」を提出した。この報告を参照に、県教委は県民の合意を得るための対話集会を繰り返し、平成21年３月時点でほぼ最終的な再編計画の立案となる。

　検討委員会の「最終報告」には、①高校教育の改善、教育開発機能の充実、②県民参加の高校づくり、③高校教育の柔軟化と多様化、④少子社会における高校教育の整備充実、⑤ブロック単位の高校再編の検討、という５つの視点が示され、これらの視点から次のような「例えば」というアイディアが提言される[5]。

　①関連では、中退者を減らす対策の必要性、NPOや産業界との連携、教育プラットホームの構築（学校支援のネットワーク化）などが、②関連では、保護者や住民が支える学校づくり、コミュニティスクールの導入などが、③関連では、生徒の生活圏に学びのネットワークを作る構想、そのための連携型県立高校、総合選択制高校、ジョイント高校、中高一貫校、多部制・単位制高校の設置などが示される。

　こうした提案を受け、県教委は再編計画を案出し、住民と意見のすりあわせを繰り返し行った。21年３月の計画では、当面する課題の認識とその解決を目指す対策の基本を次のように設定している[6]。

・魅力ある高校づくり、については……１）多様な学びの場の提供　　①総合学科、②多部制・単位制、③中高一貫教育、④諸種タイプの学校、２）……専門高校の改善・充実……①基幹校の指定、②専門学科の特色校、③基幹校と特色校のネットワーク、⑤総合技術高校、３）各校における魅力づくりの推進……①特色学科の改善充実、②普通高校の魅力づくり、４）特別支援教育の推進……①校内体制の整備、②特別支援学校高等部分教室の設置、などが挙げられる。

・高校の規模と配置の適正化、については……１）地域の高校教育を担う学校

づくり、2）地域における教育機会の保障、3）学校の適正規模の確保、4）定時制・通信制の適正配置、が挙げられる。

(4) 高校教育の動向と改革の課題

　県土が広く、かつ広大な中山間地域を抱える3つの県が当面する高校教育課題について、県教委が認識するところを概観した。県による特徴的課題認識と思われる内容もあるが、3県に共通する課題も多い。共通面に焦点を当てれば、それは次のように整理される[7]。

　第一は、少子化の進行・生徒の激減する地域の出現である。県庁所在地や人口の多い都市所在高校の場合、生徒の減少は緩やかである。そこでは、生徒数減少は学校規模「適正化」の好機になる。だが、中山間地域の場合、それは学校存続の可否を左右する課題になる。

　第二は、多様な条件を背負う生徒の志望やニーズへの対応である。家族の経済力、本人の基礎学力、経験内容の心理的受容力、将来への希望の持ち方、希望達成への努力、努力を支える家族や地域の力……など、どの1つについても「格差」が拡大していることである。

　第三は、教育課程や学校内外の連携、新システムの開発など、学校や教師、教育行政や関係機関・外部団体などに求められる課題が多いことである。

　ところで、第二、第三については、全国的に共通する課題ともいえる[8]。ここでは本稿の意図に即し、第一の課題に焦点を当てていこう。各県は、中山間地域の高校の小規模化をどのように受け止め、どんな対策を立てようとしているか。住民はどんな対応をしているか。

3．過疎・少子化地域に所在する小規模高校対策

　さて、3県の高校教育改革に関する今日的課題を『計画書』の類から垣間見た。では、こうした多様な課題が山積する中で、過疎・少子化が進行する中山間地域に点在する小規模の高校についてはどんな課題を認識しどんな対策を講じようとしているであろうか。

（1）秋田県における小規模校対策

秋田県の場合、この課題については、前節に挙げた５）の②「学校の統合等再編整備」の第６番目に「小規模校」の課題を挙げている。さらに、９）少子化・学校の小規模化・統合等に係る学校の諸課題への対応、を９つの課題の１つとし、重点的に取り上げている。では、どんな対策が打ち立てられているのか。

『計画書』では、「……小規模校については、近隣市町村の中卒者を受け入れ、引き続き地域のニーズに応じた貴重な人材育成の場として、高校教育を保障する必要がある。そのために、市町村合併など地域の実態、高校の設置状況や学科のバランス、校舎の老朽化の度合、将来の児童生徒数等を勘案して、次のような将来構想案を示す」9)と方針を打ち出す。

方針は具体的には、隣接校が容易には得られない小坂高校、矢島高校の２校と、通える隣接校があると思われる他の７校とを分けて記述する。小坂高校については現在１学年が２～３学級である。この規模でも存続させ、将来的には中学校と高校が隣接するよう小坂町と協議したいとしている。矢島高校については１学年２学級規模で存続させ、小・中学校と高校が隣接する新しい形態の学校を作るべく、由利本荘市と検討することにしている。他の７校については「地域の実態に応じて、これらの学校を２学級規模校として存続させることも考慮し、更に生徒数が減少すれば『第五次秋田県高等学校総合整備計画』後期計画の新たな基準にしたがって検討するとしている。ここに記す新たな基準は次の通りである。

> ※１学年２学級規模で存続している学校において、入学者数が募集人員の３分の２以下の状態が２年間続いた場合、学校や地域の実情を考慮し統合か募集停止を図る10)。

なお，９）については「……小規模校については、そのメリットを……生かしながら、デメリットを克服していくための手だてを講ずる必要がある」とし、次のような改善策を立てる11)。

> ①「社会性の育成と新たな学校における特色づくり」のために……〇校内における異学年交流、地域における学校間交流、〇地域行事などへの生徒の参加促進、「みんなの登校日」を活用した地域住民の学校への招聘、総合的な学習の内容検討、特色ある教育課程や各種コース制の導入、総合性高校の

設置……など。

② 「学校間連携による学校行事や部活動の実施」のために……〇地域の学校間連携による文化祭などの実施、〇地域の産業祭への参加、地域との合同運動会、〇中高間の教員の交流、〇他校と合同部活練習、〇部活指導への地域人材の導入……など。

③ 「特色あるカリキュラムの編成」のために……〇学校外学修の単位認定、〇地域有識者や社会人講師の招聘、〇地域の福祉施設や近隣高校・大学などとの連携による単位認定……など。

④ 「遠距離通学者への支援」のために……〇奨学金制度や授業料の減免制度等の活用を検討する（統合等によって遠距離通学を強いられる場合）……など。

(2) 福島県における小規模校対策

計画書において小規模校対策として記されるのは、「学校規模の適正化」「学校の統合」「小規模絞の分校化」「分校の生徒募集停止」の４点である。順に見ていこう。

学校規模の適正化に関する基本原則は次のように記される。

「現在１学年９学級以上の学校については、生徒の志願動向などを踏まえ、計画的に１学年８学級以下にまで学級数を削減する。また、現在１学年８学級以下の学校については、適正規模の維持に努めるが、生徒減少の状況によっては、学級数の削減、隣接校との統合及び分校化等を検討する」[12]。

この基本原則を受け、学校の統合については「同一町内にある２校、又は同一市内にあり統合が可能と考えられる２校については、１学年の学級数が２校合わせて６〜８学級になる場合に統合する。また、生徒減少の状況によっては、隣接する市町村にある２校についても統合を検討する。（隣接校の統合の基準）」とし、次の方針を立てている。

「……生徒減少に伴う学級数減により、隣接する２校のうち、双方又はいずれかの学校が適正規模を維持できないと判断される場合には、学校規模の適正化を図るため、生徒の通学条件等を考慮するとともに、活力ある教育活動に必要となる施設・設備などの教育条件を十分に整備して統合を図る」[13]。

　ところで、県土の広い福島県の場合、生徒数が減少する高校を原則通りに分校化した場合、隣接する学校がすべて分校という自体にもなりかねない。そこで考案したのが「校舎方式による統合」である。この方式の適用については「隣接する市町村にある１学年２学級規模の２校については、いずれかの学校において３年続けて、又は双方の学校において同時に２年続けて、入学者数が募集定員の２分の１以下である場合、その翌年から統合し、それぞれの学校を校舎とする」基準を設定している[14]。

　小規模校の分校化については、「１学年２学級規模の本校において、入学者数が募集定員の２分の１以下の状態が３年続いた場合、その翌年度から分校とする」基準を設ける[15]。即刻統合しないのは、中山間地域の多い福島県の特徴から、生徒の通学を考慮するからである。平成20年度末までにこの基準によって分校化した学校は無い。

　とは言え、いよいよ小規模化した場合は廃校なども起こりえよう。分校の生徒募集停止については「１学年１学級規模の分校において、入学者数が募集定員の２分の１以下の状態が３年続いた場合、その地域の進学を希望する生徒にとって通学可能な高等学校が他にあることなどを条件に、原則として生徒の募集を停止する」という基準が設定される[16]。この基準によって平成21年度の募集が停止されるのは富岡高校川内分校１校である。川内分校の生徒数は平成18年度入学生10人、平成19年度入学生４人、平成20年度入学生11人であった。

（3）長野県における小規模校対策

　小規模校対策に繋がる施策は、平成17年３月に出された検討委員会報告において、次のように記される。

　｜……長期的な人口動態を見通した長期プランが重要になる。財政的に厳しい状況のもとでは、学校施設設備の整備充実を進めるにあたり学校施設の有効利用という観点が欠かせないからである。……しかし、その際大切になるのは、長野県の地勢や高校配置の地理的側面への十分な配慮である。本件は広大な県域を有する上、山間部が県域全体の約80％に達するという特性がある。高校の配置を考える際には、地勢、学校の立地環境、近接校との距離等のきめ細かい検討が不可欠になる」[17]。

　こうして、検討委員会は県民を対象に実施したアンケート調査結果を参照に、「望ましい学校規模」として「1学年6学級」を挙げながらも、「3〜6学級」を基準に学校数を算出することを提案する。その上で、「充実した青少年教育の保障という観点から、様々な方法を工夫して下限規模として1学年2学級を下回ることのないようにしていくべきであると考える」旨、結論する[18]。

　検討委員会の報告を受け、県教委は平成19年6月に「高等学校改革プランの今後の進め方について」において、高校再編の方針・基準を次の通り提案した。

1）1学年2〜4学級規模の学校の再編方針を設定し、魅力と活力のある新たな高校への再編を検討する。

2）1学年5学級以上の規模の学校についても、魅力と活力のある学校づくりという観点から、地域内での再編を検討する。

3）「最終報告」のとおり、本校の下限規模は1学年2学級とし、その定員に満たない学校の再編基準を設定し、地域キャンパス化（分校化）等の再編を行う。より小規模となった場合は、募集停止を検討する。

　この提案は県民一般に公表し、諸種の意見を聴取しながら、平成21年3月時点で、1学年2学級規模の定員に満たない学校の再編基準として次の提案をするに到っている。

※下限規模2学級を下回る場合
　以下のⅠまたはⅡの状態が2年連続した場合。
　　①地域キャンパス化（分校化）、②他校との統合（新たな高校をつくる）、③募集停止のいずれかとする。
　　　Ⅰ　全校生徒数が120人以下の場合
　　　Ⅱ　全校生徒数が160人以下で、かつ卒業者の半数以上が当該高校へ入学している中学校がない場合
※より小規模になった場合
　　2年連続して、全校生徒が60人以下の場合は、募集停止を検討する。ただし、卒業者の半数以上が当該高校へ入学している中学校があるときは慎重に扱う。

　この案で「卒業者の半数以上」とは、当該学校が地域出身者にとって必要不可

欠な高校になっている実態がある可能性が高いことに対する配慮である。

（4）小規模校対策に関する県レベルの特徴

　県レベルの小規模高校対策を検討すると、各県教委の「苦悩」の跡が伺われる。それ故に又、苦悩を克服したともいえる斬新なアイディアも伺えるところである。「苦悩」と「斬新なアイディア」が硬貨の裏表として不分離に結合しているところに、小規模化する高校問題解決の難しさが横たわっていると見てよいであろう。勿論、最終的には生徒募集停止（時間の経過に伴い廃校）という決断が存在する。問題は、廃校になった場合、「通える範囲に高校がない」地域が生まれることに対する課題である。この点を視野に入れ、3県に見られる特徴を検討しよう。

　特徴の一つは、通学区域ないし同一市町村という「地域性」を重視する点である。高校が義務制学校でないことは自明の理であるが、就職に際して「少なくとも高卒資格は求められる」というのが今日の日本人のほぼ共通の認識であろう。高校はいわば「準義務制学校」化しているのである。したがって、通える範囲に高校があるか否かは重要な課題になる。もちろん、家庭によっては「下宿して」も「寮に入って」もよいと考える経済力の家庭もある。そうした家庭の多くは、高卒後、更に大学などへの進学を予想している。問題は、地元の高校を卒業するのがやっとだという経済力の家庭の子どもである。通える範囲に学校がなければ、高校教育を受けられなくなる可能性が現れるのである。県によっては、奨学金制度や交通費補助制度などを講じている。

　第二は、分校化（校舎化、キャンパス化）、募集停止と、段階を追って対応しようとする姿勢である。また、その場合の1学年当たり生徒数や、学校全体の生徒総数などについて、一律40人と決めずに柔軟な対策を提案していることである。さらに、同一中学校からの入学者の比率が50％を越えているかどうかなどへの配慮もある。

　さて、第三は、統廃合の場合は勿論、分校化、募集停止への過程に地域住民の意向を反映させようとしている点である。公立学校は、言うまでもなく公費によって運営されている。地域住民にどの程度地域の公立高校を支援する意志があるかは、高校存続を可とするか否とするかの鍵を握っている。地域の子どもがよその高校に進学し、よそから「やむなく当該高校へ来る生徒」が大半になるなら、当該学校は地域にとって不要な学校になったことになる。すなわち、県立高校で

あっても、すべて県の責任で解決するのでなく、地域の支援責任も問うのである。

　さて、特徴の第三に取り上げた内容は、高校再編課題における住民の関与に関する特徴である。進学率上昇・生徒数増加が見られた、いわゆる「右肩上がり」期には殆ど予想もしなかった「高校問題への住民関与」が立ち現れていると言えようか。こうした関与は、従来は「県」対「住民」の二項対立図式になりやすかった。今日、必ずしもそうならないのは、課題が共有されているとする認識が浸透しているからであろう。したがって、もし、行政上において指導的役割を担う県教育委員会が「強行」する姿勢になれば、課題は共有されず、事態は旧態依然とする可能性もある。

　では、取り上げた３県の場合、県教育委員会と住民の両者に課題が共有された背景には、どんな住民参加過程があったのであろうか。

４．対策の具体化過程における住民参加

　小規模高校対策は、高校の統合や廃止に直結する課題を内包する。したがって、当該高校の過去の実績としての卒業生や同窓会、設立当初に関わった関係者などが相応の説明を求めてこよう。また、今後、高校生の年齢になる若年地域住民としての子どもやその保護者にとっては、遠距離通学を余儀なくされることに対する説明も必要になる。その意味で、生徒数や学級数、教育予算の経済効率や生徒の多様な人間関係と教育・学習効果などの数値合わせと教育理念だけをもってトップダウン式の政策を立てた場合は、教育行政と住民などとの間に感情的亀裂を含むすれ違いが起こりかねない。こうした事態を避け、十分な意志疎通を図って最終的意思決定を行う過程の一つが住民参加である。では、３県の場合、それはどのように行われたのか。

（1）住民参加の実態と類別

　計画書の類に記された記録と筆者による聞き取り調査による記録を合わせて検討すると、３県の場合、高校改革に際して採られた住民参加は次のように類型化される。

　１）検討会や審議会に委員として参加する場合。この場合は直接意見表明する

ことが出来、かつ、会合における最終意思決定に意見を反映することが可
能である。ただし、全住民による直接民主制を採るのでない限り、住民代
表になる機会は僅かである。3県の場合、PTA役員、地元企業代表など
が各種会合に参加していることが分かる。

2）パブリックコメントを送付して意見表明する場合。今日広く行われている
一般住民の意思決定への参加方法である。コメントは委員会などに集約さ
れるが、コメント内容がどのようにくみ取られるかについては委員会など
に一任されるので、場合によっては一方通行になる場合もある。

3）説明会・懇談会などを開催する場合。この場合は一種の集会になるが、説
明と質疑応答に終始するか、交渉まで可能なのかによって内容に違いが現
れる。また、交渉の場合は、参加者全員に、自由な意思表明と当該意思に
関する責任が自覚されているか否かが課題になる。

(2)「専門的視点」・「行政的視点」・「住民の視点」の調整

住民参加は課題の民主的解決にとって重要なポイントであるが、同時に、そこ
に「専門的視点」「行政的視点」を入れる必要もある。意思決定の過程と同時に
決定内容を公正・妥当・効率・永続可能などの点から客観的に評価してこそ、選
りすぐった決定になるからである。この場合、「専門的視点」は、当該課題に関
する専門家の「学理」を踏まえる立場である。また、「行政的視点」は行政全般
とのバランスや他の課題などとのバランスなど「公正・公平・公明性」を踏襲す
る立場といえる。したがって、専門的視点に立つべき研究者委員がいわゆる政治
的判断に立ったり、行政的視点に立つべき教育行政マンが公正・公平・公明性を
欠いた「その場しのぎの判断」に立ったりすることは、形式はともあれ、実質的
には民主主義に反する意思決定になる。

こうした前提を踏まえて3県の場合を検討すると、例えば長野県の場合、専門
的視点がかなり重視されており、また、秋田県、福島県の場合は、住民との対話
集会を繰り返し持ちながら意思決定してきた形跡を読みとることが出来る。

こうした意思決定過程全体を調整するのが教育委員会である。教育委員会には
したがって、県民全体の利益と、一人ひとりの地球市民としての個人の利益との
利害を調整する機能と機能発揮能力とが要請される。3県に見る限り、この機能
と機能発揮能力とが比較的順当に展開されているように思われる。それは、例え

ば、次のような教育委員会の判断に現れている。

　例えば、秋田県では、「地域の諸条件から見て、小規模であっても存続しなければならない高校」をあげ、小中学校などとの連携も視野に入れた検討をしている。また、同一市内にあって、統合しても通学に困難をきたさない高校の場合も、高校創設時に住民や同窓生との関わりに特徴があり、機械的に統合することには適さない数地区の高校再編に対しては、「地元の意思優先」策を採用している。福島県では、特色ある高校にしようとする学校について、全県的な住民の賛同を得て行っている。また、遠距離通学になる場合の「奨学金」「通学手当」なども、相応の具体的内容として提案し実施している。長野県の場合は、学区を再編成したが、新学区ごとに具体案を検討し、検討過程に住民、専門家、行政が一定のバランスを取って参画している。

　では、こうしたバランスは、どのような仕組みから生まれてくるのか。調査がまだ不十分な面があるので、これまでに解明できた結果のみによる見解であるが、若干の記述を試みたい。

(3) 高校再編課題の解決過程における住民と教育行政

　専門的視点、行政的視点、住民の視点、の３つについて述べた。このうち、課題が錯綜しやすい関係は、行政と住民であろう。本来、社会が成熟すれば両者の間は「蜜月」になるものかも知れない。だが、そこに到る前段階の場合、時に、行政は「権限」を、住民は「対抗」を直接発揮してしまう場合がある。そうしないための叡智が、両者の協議・懇談などの調整である。

　調整が順当に展開するには双方に「相互理解」と「共感」能力が問われる。例えば秋田県の場合、県教育委員会は A 市内の複数高校の統合案を持っていた。市内全高校が学級減になったことを受けた対策である。しかし、数回に及ぶ地元との話し合いの結果、まだ十分な了解が得られないと判断し、現在、案を凍結している。「どれも市の中心部にあり、生徒の通学には影響しないのですが、同窓会、PTA などの了解がまだ得られない」というのが行政の判断である。一方、統合すると通学に支障をきたす生徒が相当数出現すると判断した２校については、公立の（小）中学校との一貫校形態がとれることを指導して存続を決定している。

　行政には勿論権限がなければならない。その場合は「公正性」が権限行使の基準になる。「公正性」を担保する基本の１つが「専門的視点」である。他方、住

民には「受益者」の発想がある。納税し、公正な論理と手続きを経た結果得られる利益を享受する権利がある。この場合、問われるのは「公正な論理と手続き」である。行政がともすると手続きの公正性のみに傾倒しがちなのに対し、住民が論理の公正性を十分学習しないで協議に入る場合、両者はしばしば「モノ別れ」に終わる。その意味で、第三者的位置として「専門的視点」に立つ研究者・学識経験者・文化人などは「名誉職」ではない。その役割と責任は大である。行政、住民の両者に論理と手続きの公正性について求め、学習の機会を用意することが必要かも知れない。また、行政が要請する専門家と住民が要請する専門家とが自由に専門的見識を表明し合える条件を作ることも重要である。この点で、長野県の場合、多様な専門家を委員会に招聘している点に注目したい（信州大学のみでなく、東京や佐賀からも大学教員を招聘）。

5．都鄙共存を展望した教育と地域社会の関係

　以上、秋田、福島、長野の各県における近時の高校改革、とりわけ少子化に伴う生徒数の減少に対する対策に焦点を当てて記述してきた。全体的動向としては、小規模校の解消（廃止）ベクトルが根強いことに気づくところである。では、こうした事実に立ち、あらためて教育と地域社会との関係の「作り方・あり方・創造」を「人間・環境・生活」の視点から検討したらどのようにこの事実を理解し解釈することが出来るであろうか。また、可能であれば、どんな展望が出来るであろうか。以下に探ってみよう。

(1) 近未来の「成熟社会」における「地域社会と教育」

　巨視的に見て、日本の20世紀は政治・経済・社会などの諸構造が欧米先進資本主義国に追いつこうと歩んだ歴史といえよう。しかし、この過程で、戦争、公害、経済格差、過疎化、家族崩壊、それらの果てとも言える自殺者増大などの人間疎外が増幅され、あらためて近未来をこれまでとは異なる視点から展望する必要に迫られている。

　新しい視点については種々の視点が論議されようが、本稿では人間と環境との「永続可能な関係」を視点として採用したい。この視点から人間と環境との関係を考察すると、次の3つの関係とその推移が浮上する。

1）人間が環境と戯れる関係……僅かな道具は使用するが、環境の果実で暮らす段階。戯れとは、子どもが「無邪気に」環境と共生する活動である。

2）人間が環境を利用する関係……道具の利用から機械の利用へ、更に利用システムのグローバル化が進むと、利用がエスカレートし、環境の略奪まで進む。それはさらに、相手の持ち分まで展開し、戦争さえ発生する。今日の経済先進国世界がこの段階にあるといえる。

3）人間が環境を活用しつつも共存する関係……略奪が環境破壊や戦争、地球温暖化などを招く事実は周知のところである。環境と永続する関係が必要になるところであり、21世紀にこの段階に到達できるか否かが問われている。

　さて、人間と環境との関係を３つに類別したが、その移行の哲学を概観すれば、１）から２）への移行に関しては「欲望」が、２）から３）への移行に関しては「反省」が関わっているように思われる。高度先進資本主義社会が人間の「欲望」によって出現したものであるとすれば、求めるべき近未来社会はその「反省」に立つものであることが必要になろう。個人主義、都市一極集中経済、人間を部品のように見るシステムなどを大きく変換しなくてはならないであろう。自然との関係については、自然資源を永続的に活用できる経済の仕組み、したがって、膨大な消費活動以外には経済が活性化しない現行システムの見直しも求められよう。この過程を細かく論ずるいとまはないが、要約すれば、これまでの産業分類で見たとき、第一次産業といわれた部類の再興が求められる。農山漁村、とりわけ中山間地域といわれる里山一帯の保全なども大きく関係する。低エネルギー、そこそこで足りる低消費などが経済のサイクルとして定着することが必要になる。

　それは、人類が現有する文明を放棄することではない。情報ネットワークも、IT器機も「活用」するが、不要な「利用」をしないで済む社会経済システムの開発である。ここで、そうした社会のイメージを論ずる能力はまだ持ち合わせないが、仮にこれを暫定的に「成熟社会」と名付けるなら、私たちは、地域社会と教育の問題を、現行の経済システムのみで検討するのでなく、「成熟社会」の経済システムという仮説を若干でも念頭に置く必要があるのではなかろうか。その場合、教育と地域社会とは、あらためて、どんな関係に立つかが問われよう。

(2)「成熟社会」を目指す教育と地域社会

　これまでのところ、教育は地域社会に生誕した若い年代に教育を授与し、近代的、資本主義的、都市的社会の「担い手」として養成し、そこに送り出す機能を担ってきた。「優秀な子どもを持つと家がなくなる」とは久しく農村で聞く言葉である。この延長に「子ども達が大学まで行くようになると村に若者がいなくなる」とでも言うべき社会事象が発生して久しい。

　こうした「語り」は、とりもなおさず、日本の近代教育の第一目標が「社会（国家）的資源になり得る能力の持ち主を地域社会から引き抜く」ことにあったことを暗示する。その結果生じたのが、社会的資源を蓄積する都市的地域と、それが容易に実現しない中山間地域との間の経済的・文化的格差の拡大である。もし、「自由」「市場」の名で中山間地域への公的予算充当が否定されれば、社会は「成熟化」ではなく「差異化」し、底辺に位置づく地域に対する「棄民」ならぬ「棄域」が発生しよう。それは、居住地域の「市場化」には馴染んでも人間本来の福祉に反する社会現象である。

　こうして、ふだんは殆ど顧慮することなくその価値を信頼して進めてきた「人材育成」を目指す教育は、今日、「何を目指す人材育成か？」「育成した人材を何に活用するのが妥当か？」「自己の社会参画行動を顧慮し反省する能力を備えた人材育成」などの視点から、その在り方を再検討する必要に迫られていることに気づくところである。こうした点から見て、「地域社会の課題に十分気づかせないまま銘柄大学に進学させる」ことに軸足を置いた教育、とりわけ中等教育の在り方の再検討が問われるのである。

第2節　生徒の急減・多様化と高校の再編課題

1．本節のねらい

　今日、高校が抱える課題は、少子化による「生徒の減少」のみではない。いわゆる「粒ぞろい」の裏に当たる「生徒の多様化」も課題の一つである。多様化は学力に関してのみでなく生徒の身体的傾向、感情傾向、社会性や行動傾向など、ひとの発達に関わる広範な領域に及ぶ。それは以前も同様であった可能性が高いが、かつてはそれを学校生活では表面化させない行動文化装置が機能していた。

今日、この機能が緩み、生徒の諸性質が学校生活の諸場面においてあらわになる状態が現れているのである。では、こうした「生徒の多様化」を視点に探った場合、府県の高校改革はそれをどのように取り上げ、「改革案」にどのような対応策を記載していようか。この節では、高校改革が行われるもう一つの背景として「生徒の多様化」があげられるのではないかという仮説に立ち、次の点を探る。

1）府県の高校改革案に、「生徒の多様化」対策の現状を探る。
2）探り出した現状に、どのような対応を検討しているかを探る。
3）検討する対応事項の背景を探る。
4）以上を通して、「生徒の多様化」への対応のあり方について検討する。

なお、本稿で活用する資料は、京都府、島根県、宮崎県の各高校改革案の類である。以下、順に３府県の場合を追っていこう。

2．府県の高校改革案に潜在する課題

各府県における高校改革案には、共通項と府県による特色ある事項とがある。では、それらはどのように認識されているであろうか。

(1) 京都府の場合

現在の改革に繋がる公式的資料は、「府立学校の在り方について」（平成14年１月）、「府立高校改革推進計画」（平成15年３月）、及び「第１次実施計画」（平成15年７月）から「第５次実施計画」（平成20年３月）の５次にわたる計画書である。では、「生徒の多様化」は京都府においてどのように認識されているであろうか。資料のうち、改革理念については、平成14年資料が基本になるので、この資料に当たってみよう。

平成14年の「府立学校の在り方について」は、同12年に府教育長から受けた諮問に応えたものであり、「高校教育部会」と「障害児教育部会」の両部会において検討した結果のまとめである[19]。本稿では前者について検討するが、部会を結論づける文言を「新しい多様で柔軟な教育システムの構築に向けて」としている点に着目したい。このスタンスは、冒頭の「はじめに」において「府立高校では、これまでに進めてきた様々な取組の成果の上に立ち、生徒の主体性や多様性を一

層重んじた教育環境を整備し、生徒の持つ力を最大限に伸ばし、新しい世紀を担う有為な人材を育成することが求められている」と述べる点に連動する。即ち「生徒の主体性や多様性を一層重んじた教育環境の整備」が必要なことを認識しているのである。この認識に立ち、①教育システムの構築、②入学者選抜制度の在り方、③高校の適正規模・適正配置、の３点に関する検討結果が記される。

　①については、先ず「学科の多様化」をあげる。普通科の場合、これまでに対応してきた「類・類型」が少子化、進路希望、希望する学習内容の多様化、学力の拡がりなどを背景に新たな対応を迫られていると記す。専門学科の場合、求められる専門能力が高度化しており、「雇用情勢の厳しさが増す中で……就職していく生徒もある一方で……大学等の上級学校への進学を目指す生徒が増加する傾向も見られる」とし、ここでも生徒の多様化に対応すべき事が認識される。総合学科については成果が明確であり、特に課題の指摘はないが、成果を広げる意味で府内各地に設置拡大を図る必要性が記される。さらに、定時制・通信制については、全日制課程からの転・編入を含め、生徒の増加傾向が指摘される。また、「中高一貫教育」について、生徒の個性化・多様化に対応できる点を評価する意見が添付されている。

　②については、「生徒が学校を主体的に選択できる制度」「多元的な評価方法」「不登校経験のある生徒への配慮」「情報開示制度の導入」などに関する検討結果をまとめている。

　③については、直接「生徒の多様化」に繋がる記載はないが、高校の再編整備において、「学校の再編統合に当たっては、単に学校規模という量的な側面だけで判断すべきではない。生徒の個性化・多様化に対応できる多様な教育内容をバランスよく準備するという目的の下に……」と記し、小規模校の統廃合が必要になる側面と、小規模校故に可能な指導を併記し、分校の場合について「本校の学習形態では対応が難しい生徒、例えば不登校であった生徒が新しい自分を発見し、学習している状況もある。そういう役割を担っていることも配慮しなければならない」という認識に立っている。

（2）島根県の場合

　島根県の場合、「平成21年度以降の魅力と活力ある県立高校のあり方について」（平成20年３月、同委員会答申）を受け、平成21年度〜同30年度を見据えた「県

立高等学校再編成基本計画」（平成21年2月、県教育委員会）を公にしている。後者が前者を基本にしているので、ここでは前者を資料として検討したい[20]。

　答申は平成18年3月に県教育長から受けた試問を検討した結果をまとめたものである。先ず、検討の背景に「……生徒の多様な学習ニーズに対応した高校教育が求められる……」事が認識される。検討経過については、「審議は、県民の関心も高いことからすべて公開で行い、21名の委員はそれぞれの立場や経験をもとに議論を積み重ねた。審議の参考とするため、学校視察の際に生徒や教職員の意見を聞いたり、中山間地域や企業、学校後援会の関係者を招いて、地域における高校の存在・役割や県内産業を支える人材の育成、地域産業と学校との連携など高校教育に対する提言や期待、思いを聞いたりした」と記されるように、関係県民の意見に深く傾聴する姿勢が取られる。都市化する松江・出雲地域、中国山地一帯の中山間地域、隠岐の島嶼地域など、多様な地域を併せ持つ島根県の全容を踏まえる必要があるのであろう。

　その上で検討委員会は基本的な考え方として次の6点を上げる。①豊かな教養やコミュニケーション能力、忍耐力など自立した社会生活を送るために必要な力を培っていく……、②将来の地域や産業を担う人材を育成する高校教育においては、……これまで以上に県内定住も視野に入れた地域との連携を深める……、③ニートやフリーターなどが社会問題になっていることにも見られるように、現代の若者には勤労観・職業観が十分に培われて居るとは言えない。……キャリア教育の一層の充実を図っていく……、④かつては「普通高校からは進学、専門高校からは就職」という固定的な捉え方もあったが、今では、高校卒業後の進路が多様化しており、教科・科目の選択幅の拡大など……一層の充実を図る……、⑤教員には、教職に対する誇りをもち、……研修も充実していく……、⑥行政や地域、企業・関係団体の総力をあげて取り組む必要がある。

　では、以上のスタンスに立って、高校教育のあり方についてどんな展望をしていようか。普通高校については「生徒の興味・関心などが多様化している実態を踏まえて、能力・適性に応じた教育を行うとともに、……教育課程の一層の弾力化を図る必要がある」と展望する。専門高校の場合は「県内産業を意識した進路指導……、進学する者も増えていることから、……進路希望に応じて教育課程を一層工夫する必要がある」としている。他に、総合学科、専門学科についての展望にも触れた後、「特別支援教育への対応」が記される。ここで注目すべきことは、

従来の「障害児教育」というにとどまらず、「学習障害」「注意欠陥／多動性障害」「発達障害」などを持つ生徒の教育に触れる点である。

　さて、こうした答申を受け、「県立高等学校再編成基本計画」（平成21年2月）において、県教委は今後の高校教育のあり方の基本を「社会の急速な変化に的確かつ柔軟に対応していくとともに、生徒の興味・関心、能力・適性、進路の多様化などに適切に対応していく必要があり……」と認識し、具体的な計画を策定している。

(3) 宮崎県の場合

　宮崎県では、平9年度に「県立高等学校教育改革推進協議会」と「県立高等学校教育整備計画地区連絡協議会」（8地区で開催する仕組み）を設置し、協議の結果を、「今後の宮崎県立高等学校教育改革について」（平成10年11月）、「中間まとめ」（同12年5月）、「最終報告」（同13年3月）としてまとめてきた。平成13年度からは最終報告に基づき「県立学校教育改革推進協議会」を数次にわたって継続し、平成15年1月に「県立高等学校再編整備計画」（以下、「整備計画」）を策定している。では、「整備計画」は、生徒の状況をどのように認識しているであろうか[21]。

　「整備計画」の記述において特徴的なのは、多くの府県が再編整備の背景について、先ず「少子化」を揚げるのに対して、宮崎県の場合、それは2番目になり、「ほとんどの中学生が高等学校へ進学する中で、生徒の能力や適性、興味・関心等が多様化してきており、このことに適切に対応することが必要となっています」と、「生徒の多様化」を最初に揚げる点である。こうした認識のもと、再編整備のねらいとして①特色と、②活力ある高等学校の創造が揚げられる。ここでも「生徒の多様な興味・関心に対応できる教育課程を編成する」ことが必要であると指摘する。

　計画において特徴的なのは、普通科と専門（職業）科（総合科を含む）の生徒入学定員比を5対5にした点である。専門科に半数の定員を配分した背景には、宮崎県の、高卒者をどうにかして県内にとどまらせたいという切実な期待がある。そこで、中学から高校に入学する段階では大学などへの進学については未決定状態の生徒も多いことから、専門高校からの進学が可能なコース設置についての配慮もしている。

　もう一つの特徴は、単位制や３部制の積極的導入である。平成15年時点で、単位制高校を全日制の２高校（総合学科）、定時制の２高校に導入している。また、３部制については「定時制・通信制課程では、勤労青少年や高等学校卒業を目指す中高年齢者の割合は低くなり、定時制・通信性教育の柔軟性に魅力を感じて入学している生徒が増えているとともに、全日制からの転入・編入の生徒が在籍しているなど、生徒の多様化が進んでいます。また、様々な職種の出現により勤務形態も多様となり、自分の生活時間にあわせて学ぶことができる教育課程の提供が必要になっています」と、教育環境の変化を敏感に把握している。

　もう一つ特徴を揚げれば、大都市圏ではかなり以前から起きていた「私学との競合」が、いわゆる「地方」と呼ばれてきた宮崎県においても発生してきた点である。この点についての公式的資料は見あたらないが、聞き取りを進めると、県庁所在地の宮崎市以外にも、中規模都市部において、私学が「特別進学」クラスを設置する動きを強めていることが分かる。公立高校における「学区制廃止」「中高一貫教育」「県立中学校の併設」などの動向に対応する私学の動向でもあろうが、少ない生徒、しかし多様化する生徒を巡る高校教育の課題の大きさが浮き彫りにされるところである。

　以上、３府県の近時高校改革案の背景を垣間見た。では、仮説としてあげた「生徒の多様化」はどのように認識され、改革案においてどんな対策として提案されているであろうか。

３．高校教育改革課題としての生徒の「多様化」と「格差」

　検討した資料には、生徒数の減少と並んで生徒が色々な意味で多様化していると指摘する箇所が多いことに気づく。では、「生徒の多様化」はどんな意味・内容をさしているか。公式的文書になる「改革案」にはこの点に関する直接的記述はあまり見あたらない。しかし、あえて記述内容の意味を検討・推測した場合、無理のない範囲において次の３つの点が「多様化」の意味・内容として認識されていることが伺える。

　第一は、高度経済成長期以降長期にわたって潮流になったとも言える「個性や自由」の一層の拡大である。色々なスタイルの学習が社会的に承認されてきた歴史とあわせて受け止めてよいであろう。

　第二は「地域社会」の変容に伴う過密・過疎事象である。中山間地域や漁村、旧産炭地域などにおける経済活動の低迷と過疎化、賑わいを失う中心市街地域、管理中枢機能を持つ県庁所在地の人口増加、「一人勝ち」する東京など、地域間格差が拡大したが、こうした背景の下、思春期を辿る生徒の生活形態も変化し、それが生徒の多様化を生みだしている点である。

　さて第三は、1990年代から明確な形で「市場原理」が導入され、経済格差や教育格差、さらに、「子どもの貧困」まで出現する状況にあるが、こうした家庭経済格差が生徒のライフスタイルや生活時間、文化への接触態度や勉学態度などに生み出す差違である。こうした差違は「多様化」として認識するだけでなく、階層間格差としても認識すべきものであろう。

　記した「多様化」は、生徒にさまざまな進路希望を誘発する。家庭の事情によっては夕刻から働かなければならない生徒もいるであろう。こうした生徒の場合、これまで固定的に考えられていた「夜間定時制高校」よりも「昼間定時制高校」のほうがニーズにマッチする。また、発達障碍など、旧来あまり省みられなかった障碍を持つ生徒の進学も考慮しなければならない状況が起きている。他方、いわゆる難関校への進学を果たしたい希望者が中山間地域にも現れている。色々な生徒が「雑多な」状況で入学する地元の高校ではなく、「難関校志望者」のみの高校で学習したいという欲求が高まる場合があるのである。こうした状況の下、今日、「学校選択」制度が広汎な地域で導入されている。「定員」という上限がある関係上、この制度の下では成績上位生徒に「選択」される高校とそうでない高校との間に新たな「学校間格差」が生まれやすくなる。こうして、「多様化」は高校教育改革において、「格差」の発生とあわせて議論しなければならない課題になるのである。

4．多様化し格差化する生徒

　では、生徒の多様化は今日どのような現状にあるか。これまでに公表された諸資料の中に現状を探り要約してみよう。高校教育改革は、政策においても処方・実践においても思春期の後半に当たる生徒の現状認識をふまえて行われなければならないからである。

(1) 個性や自由の発揮としての多様化

多様化の一般的な事象は、生徒の個性や自由な科目選択を求める欲求の実現として現れる。この流れは、新制高校発足期からいわば一貫して継続したものである。経済復興、高度成長、安定成長、経済大国、先進国などの言説が相次いだが、この間、高校進学率が上昇し、ほぼ全員が入学する状態になった。この過程で、入学時の学力は勿論、将来に向かう進路希望等の内容、入学時の心身の発達水準などに差違ないし幅が顕在化する。こうした差違や幅は、もちろん何時の時代にも存在したであろう。だが、「本来高校は……」と学校の「本義」が公然と通用していた時、生徒は自分の個性や自由を主張するよりも「本義」に合わせなければならない状況があった。だが、経済の成長、生活スタイルにおける自由の拡張などは、固定的な学校の「本義」とは異なる生徒のスタイルを次第に容認してきた。

それは諸種の意味で高校の固定観念を変更する。①入学試験科目の削減、②面接や小論文による入学試験、③ピーク制教育課程、④普通科における就職系・コースの設置、⑤職業科における進学系・コースの設置、⑥職業分類に即した細分化コースの設置、⑦科・コースの細分化した運用など、高校は配置された定員分の教員をフルに活用し、こうした多様な進路希望に応えようとしてきた。

近時、この流れに類型化される多様化には、さらに、「休みがちな生徒」「水泳は一切しない生徒」「△科目が特別得意でマニアといえるような生徒」等が加えられてきている。

(2) 地域社会の変容を背景にした多様化

多様化が進行した第二の背景は地域社会の変容である。少子化が大きな課題になる前、1960年代半ば〜1980年代初めまで、高校は分校も含めるとほぼ全地域に設置されており、「自宅通学のできない生徒」は殆どいなかった。しかし、その後、この様子は急速に変化する。過疎化に加えて少子化が進み、農山漁村から次々と高校が消滅したのである。もちろん、その背景に交通事情の改善や家庭経済状況の改善もあり、地方都市に所在する高校まで通えるという条件が出現した事実があった。しかし、そうなると、地方公共団体としては同一町村になる「へき地」において、隣接する地方都市に通学可能な町村内中心域とそれが不可能な町村内周辺地域とのあいだに格差が出現することになる。

　都市遠隔地に起きたこの事態は、やがて、隣接地方都市に時間と交通費をかけて通学させるくらいなら、県庁所在地の高校に「下宿」させ、あるいは「入寮」させるほうが理想的ではないかと思う保護者を出現させる。県立高校に生徒寮がなければ私立高校にと考える保護者も出現した。この新たなニーズを即座にキャッチしたのが「特（別）進（学）コース」を設置した地方の私学である。こうして、「へき地」と言われる地域において、生徒は、県庁所在地など中規模都市の私学特進コース、隣接地方都市所在公立高校、地元高校（分校）にそれぞれ別れて進学するようになる。やがて、小規模化する地元高校が廃止されると、地域は高校を失う事態に直面し、自宅通学不可能な生徒が間違いなく増加するのである。

(3)「市場原理」の導入を背景にした多様化

　日本の場合、欧米とは異なる歴史的基盤から資本主義が出発しており、日本の産業界においては必ずしも競争一辺倒の自由経済方式は浸透しなかった。伝統的な地域の相互扶助のほか、個別個人においては恩義や義理を尊重して取り引きする慣行も残り続けた。「労使」関係についても同様な面があり、従業員は特別な場合以外は「正規雇用」されていた。また、農村にも都市にも一時的に必要な多様な雑業に従事する「非正規雇用」労働者も存在したが、使用側による「目をかける」慣行や雇用側の「義理立てする」慣行などの旧慣が、特に中小企業を中心に長く続いていた。だが、こうした旧慣も、1990年代以降、急速に崩壊する。経済活動のグローバル化の波を受け、アメリカ型の「市場原理」が導入され、経済政策のみならず、教育を含む多くの政策にこれが導入されたのである。

　高校教育の場合、新制高校発足期には「高校三原則」が謳われていた。①男女共学、②総合制、③学区制がそれである。「市場原理」の導入は、このうち特に「③学区制」を次々に変更する。小学区制から中学区制へ、さらに大学区制へ、最終的には全県一学区制への変更である。

　学区制の変更（拡大化）は主として産業界の意向によったと思われるが、他方、「個性や自由を求める動き」とも連動する面がある。小学区制の場合、同一科生徒の学力に大きな差が生ずると成績上位層が次第に公立離れを起こし、私学特進コースに志望先を変えはじめる。この過程で「公立高校は旧態依然でよいか！」などの世論が生まれる。産業界のみでなく、教育界にも「競争一辺倒」状況が生まれるのである。

（4）多様化から格差化へ

　以上３つの視点から生徒の多様化について検討した。では、多様化は全体としてどんな歩みと方向性を帯びているか、そのベクトルの「矢先」にある事態を検討しよう。個性や自由を求めて発生する多様化、地域社会の変容を背景に発生する多様化、「市場原理」を背景に発生する多様化などの３つの視点を繋ぐものは何か。このスタンスに立ったとき感知されるのが「格差」の拡大・顕在化である。

　生徒の個性と自由を尊重し、その結果として高校が多様な対応を求められる「多様化」は、高校全入に近い状況下においては積極的な意味を帯びるであろう。その場合は、多様化に応じた教員配置などの対策（教育財政対策を含めて）を打ち出すことが課題になる。新制高校は1948（昭和23）年の発足以来60年を超える年月を経た。この間、高校卒業以後の進路も、進学、就職ともに多様化してきた。進学の場合は４年制大学、短期大学の他、1980年代以降は専修学校・専門学校への進学者の比重が大きくなる。それも、多種多様な専門学校へ、である。就職の場合、職種は時代とともに大きく変化している。例えば、電話交換手は一般的な職業ではなくなってきた。逆にプログラマーやプランナーなどの職業が台頭している。生徒が自分の個性と自由な選択を求めて高校に期待するなら、それに応える高校の多様な対応は、高校の存在意義から見ても必要な課題である。

　だが、他方、地域社会の変容や「市場原理」導入による多様化は、実質的には「教育格差」を助長する場合があり、この種の多様化をそのまま受け止めることには問題が残る。この場合は、むしろ格差を縮小する目的の対応を採ることが課題になろう。では、格差はどのような形で具体化しているだろうか。また、格差の出現を前に、高校改革はどんな課題に直面しているであろうか。

５．拡大する生徒の多様化と高校改革

（1）多様化の内容・実態

　生徒の多様化は、では、どのような実態にあり、どんな問題を投げかけているであろうか。多様化を高校生の心身の諸性質として理解した場合、では何が多様化しているのか。

　高校生という学齢期を視点にすると、第一に学習への興味・関心と学習態度及び学力が問われる。それが価値ある学習である限り、学習内容に関して興味・関

心が多様化することは問題ではない。多様な関心を持つ生徒の存在は、国や社会全体としては望ましいであろう。では学習態度はどうか。これは目標に向かう態度（向目標態度）であるから、多様化は、興味・関心の場合と異なり、優れた態度であるか否かの尺度における多様化と言うことになる。従って、態度の多様化は、よくない態度の問題が生まれたことになる。学力の場合も同じことが言える。

　第二は、生徒会、クラブ活動、学級活動、学校行事など教科の学習ほどではないが学校がいわば公認する教育活動における生徒の多様化である。この点においても、興味や関心の多様化は「活動しない」選択でない限りむしろ望ましい。問題があるとすれば、活動時の態度や目指す目標値の多様化である。望ましくない態度や目標値の低下があれば問題である。

　第三は、生徒相互間に日常的に繰り広げられるコミュニケーションの質・内容・量などとそこに醸し出される学級・学校風土（校風）など、一般に潜在的カリキュラムと言われる内容に関してである。これが同じ学校において多様化すれば、生徒の全体的まとまりは困難になろう。多くの場合、「主流」のような風土が生まれ、それに「対抗」したり「従属」したりする「伏流」に当たる風土も生ずる。また、「主流」と「伏流」の関係は時間の推移において地位を交替することもある。この部分が多様化する場合、生徒にコミュニケーションの継続が十分か否かが問われよう。継続が不十分な場合、「校風」は生まれにくく、学校・学級は生徒が作る私的な小集団の未組織な寄せ集めになりがちである。

（2）問題のある多様化の実態とその背景

　多様化の背景全般については既に記した。ここでは問題のある多様化について記そう。先ず、学習態度や学力の多様化である。問題になるのは、それらが低下する点である。「早弁」など、高校には以前からの語りぐさもあるが、高校生の学習態度は、向目標態度として、今日、下方に拡大した面が生じている。勿論上方にいる生徒も多数いる。だが、ほぼ全員が高校に進学する今日、学習の場合も、学校行事などの場合も向目標的でない生徒も多い。コミュニケーションも、私的小集団に矮小化しがちである。高校教員からの発言として、「クラスで意思決定する学級会に無関心な生徒が目に付く」ことをしばしば聞かされるところである。

　では、何故そうなるのか。筆者の管見ではあるが、理由は２つに集約される。一つは、正体が見つかりにくいのであるが、生徒が日常的に過ごす家庭の経済的

格差である。もう一つは、日本社会全体が、「私的事項」を重視するあまり「公的事項」を軽視してきた結果が思春期の生徒にも影響していることである。

　家庭の経済格差については幾多の参考文献がある。それらを要約すれば次のようになる。経済力が乏しい家庭の生徒は、図書館や美術館に通うなどの文化的接触、行事などへの社会参加を通した人との接触、旅行や自発的探究活動などによる自然や社会との接触、以上全体を通した自己との対話による思考訓練……など、個人差こそあれ、十分に経験しないまま年齢を重ねている。結果的に、ものごとへの興味や関心に疎く、また、基礎学力の未熟さもあり、学年の進行に伴い学習が年々困難になる。結果的に、教師から評価される回数が少なく、むしろ、注意や叱責を受ける回数が多く、ますます自信を失うことになる。

　さて、私的事項が公的事項よりも重視される傾向は、学校だけでなく地域社会や職場、さらには家庭にも及んでいる。家族が揃っている日（休日など）でも、食事がまちまちになる家庭が珍しくない。集団や組織よりも個人が優先されることを学習した場合、学級会は退屈な時間になろう。これは、格差云々とは別に、日本社会が今厳しく問われている問題である。

　では、こうした問題に直面する高校改革であるが、どんな対応が可能であり必要であろうか。

(3) 個性的多様化に対応する改革課題

　前にも記したが、生徒の個性や自由を尊重する意味の多様化は問題ではなくむしろ望ましいことである。問題があるとすれば、当該の個性や自由を「私的事項」にのみ傾倒する場合である。その場合は、「公的事項」の指導が必要になる。両者のバランスが重要なのである。その上で各生徒の求める進路希望をくみ取る教育支援が必要になる。筆者は、学力偏差値の高い生徒で、製図が得意かつ大好きという理由で工業高校に入学し、著名な工業大学に進学して一級建築士の資格取得に向けて励む人の話を聞いたことがある。この人の場合、「進学校」ではなく製図の楽しみが維持できる工業高校というバイパスを通って目標に向かっている。保護者によれば、「勉強しなさいと言わなくても、息子は毎日楽しんで勉強しています」という。

　この人の勉学過程にヒントを探せば、生徒が「真にしたいこと」に即した進路保障が高校側には必要になる。学ぶ意思の形成とその結果として掲げる目標、向

目標態度の育成は、高校生になってからと言うより、幼児の時からの保育や教育にも重要な課題を投げかける。

　実際は、しかし、この人とは異なる状態で高校に入学する生徒が圧倒的に多い。そうであるなら、高校は、入学直後の数日間をかけてでも、生徒の意思を聴取し、学力の現状から一人ひとりの目標を生徒とともに定め、公的な場所としての学級や学校における役割・規範・責任などについて何度も相互確認する必要があるのではあるまいか。

（4）格差化に対応する改革課題

　経済格差、そこに発生しやすい教育格差に対応する課題は、大きく見れば国の政治・政策にまで及ぶ。ここでは府県段階で可能な課題に限定するが、それでも困難は伴う。本稿に例示した府県の場合は課題をかなり深く認識しているが、県によっては、この点に十分対応せず、むしろ「市場原理」に委ねてしまう場合もなくはない。例えば、一律に全県一学区にするなどである。この場合は筆者が見る限り、学校間の序列化が進行し、学力的に第一志望校に入学することが困難な、家庭の経済力の乏しい生徒に、交通費のかかる遠隔地の公立学校通学を求めることになりやすい。また、さらに、学費負担の多い私学に通わせる結果も招きやすくなる。経済格差と教育格差の一層の拡大が進行することになるのである。その先に待ち受けているのが「休学」「退学」である。さらには、希望を失って「ニート化」する場合もある。

　以上から、格差の放置は社会全体から見て質の高い労働力の確保を困難にし、希望を失った人たちの自己実現を困難にし、社会全体が混乱するもとになりかねないことが分かる。賢明な対策を検討するなら当面、次のことが課題になろう。

1）教育を格差拡大の手段にではなく、格差縮小の手段にすること。そのための具体策を幅広い人たちの幅広い視点から自由な討論を経て策定すること。
2）勉学意欲の差を縮小すること。意欲の低い生徒が勉学風土づくりを壊すことがあり、意欲的生徒が「進学校」を希望する事態が生まれる。この「マイナス連鎖」の改善策が必要である。幼児期から「本人意思の尊重」「他者や状況への配慮」「行為への責任」を重視するなど。

第3節　府県における過疎・少子化地域に所在する高校改革の試行

1．本節のねらい

　以上、府県段階における高校改革案を、「少子化の進行」「多様化する生徒」を基本視点に探ってきた。改革案には、当然のこととして当該府県が網羅する都市部も中山間部も共に見渡した内容が示される。この節では、これらのうち、中山間地域の場合に焦点を当て、小規模化する地域社会の高校が、存続、統合、廃止などのさまざまな近未来像のどの目標値にどのような合意過程を経て着地するか、前の2つの節に記した内容を基礎に探りたい。

　特に着目するのは、提案される「改革案」と、その受容・承認や修正・承認、さらには反対や対案提出などまでを視野に入れた「合意」形成過程である。

2．改革案の策定・試行に関わる「合意」形成

　国はもちろん、都道府県や市町村などの地方自治体の社会政策は、今日の日本の場合、広く自由かつ責任ある意見交換を基礎に、多くの住民の合意に基づいて決定され実施されることが、民主主義の理念を語るまでもなく浸透してきた。こうした過程を重視するなら、高校教育改革案もまたこのような過程を踏襲して決定・実施されるべきことになる。

　では、この過程は、実際にはどのように進行しているであろうか。前の2つの節において見たように、多くの府県の場合、この過程は大きな困難をきたさずに進行しているように思われる。しかし、場合によっては、混乱や意思疎通の崩壊、さらには対立も起こりかねない状況が多くの「政策」決定には付きまといやすい。では、こうした差異はなぜ生まれるのか。

　原因はいくつかあろうが、政策が立案され、広く合意され、実施されるまでを見通した場合、次の諸場面ごとに原因の発生する事態が起こり得る。

　1）問題を感知する多様な関係者の多様な感知内容、2）感知内容を確かめ合い事実や現実に即した内容に修正する非公式的な場の有無、3）同じく公式的な場における自由な意見交換の場の有無、4）公的機関（行政事務局など）による「原案」の策定、5）原案に対する専門的機関（審議会など）による精査・検討

と修正・再考「原案」の策定、6）当該「原案」の公表と一般住民からの意見聴取、7）審議会などによる聴取した意見の取捨選択、8）公式的ルート（議会など）における審議・修正・可決・決定、9）試行・実施……など。

　1）や2）がどんな状況にあるかは当該地域社会の根底に横たわる風土によるであろう。風土は、いわば長い歴史において形成される地域社会の、思想・態度・行動などに関わる文化である。生活する地域社会に生まれ来る問題をキャッチ・感知することが出来るかどうか、それを相互に表明し合い、自他の感知の微調整を通した、より正確な問題状況の把握に関わる課題である。こうした課題をキャッチする住民が少なければ、問題は見過ごされたり、永遠に合意のできない「泥仕合」に陥ったりするであろう。

　3）と4）は、行政内部に民主的風土がどの程度漂っているかによるところが大きい。中央、地方を問わず、日本の現状ではなお、行政内部が外部に対して「一枚岩」であるべきとする発想が強い。そこでは、多様な意見や志向が「上意下達」の枠組みに解消されかねない。勿論その場合でも、「上意」を表明する立場の人物が民主的かつ広い教養等の持ち主であれば、多数ではあっても不勉強な人たちによる意向よりも優れた「原案」を出すことは事実である。こうした立場に立つ人物に、どれだけの市民性（シチズンシップ）が培われているかどうかが問われることになろう。

　5）は、各界の代表による「合議」制をとるところが多いが、各代表の立場や利害、これまでの経験などの違いが意見の違いとして醸し出される場面である。問題に対する理解の違いもあるであろう。こうした違いを超えて、なお、「合意」に至る努力を試みるところに民主主義の根幹がある。この場合、公式的場に参加することになる人達に問われるのは、「問題や課題の本質に沿う意見を持つこと」「自己の利益（私益）にではなく、生徒や保護者、さらには地域社会の近未来像と言う公益にかなうか否かを意見表明の基準にすること」である。この点を無視する代表が多数になった場合、「公益を目指す意思決定」の衣をまとった「私益まがいの意思決定」が進行することになる。「公益」を基本に据えることは、6）のパブリックコメントにも、7）の再審議、8）の議会決定の場合にもともに強く求められる。では、こうした前提を掲げた場合、見てきた府県の高校改革案について、どのような問題・課題が指摘できるであろうか。

3．合意形成過程における教育行政の機能と役割

　「政策」論は、自然科学が議論するような「正解」に近づく議論とは趣を異にする場合が多い。自然科学の議論は一般に「事実」ないし「真実」にかかわっている。科学哲学的用語によればそれは「真理」の探究と言うことになろう。これに対して、「政策」は担当者ないし関係者の思想・思い・考え・など、総じて「意思」に関わる議論である。そこにどんな意思がどんな力学的過程として横たわり、現実の政策として実現するか否かに関しては、別途、「政策科学」が論じることになる。その場合でも、どの政策が「正解」に近いか否かについて論じることは困難である。なぜなら、政策はそれ自体が「真理」と異なる「意思」つまり人の心の所産だからである。では、「意思」については何等の価値判断も出来ないのであろうか。もしそうであれば、政策科学の存在根拠が危ぶまれるであろう。では、政策科学の存在根拠とは何か。その領域の専門について十分な知見もないまま論ずることを断りながら記すなら、それは、政策の立案や審議・実施などについて、一定の前提を予測しているからであると言えるように思われる。例えば、権限を持つ少数者による決定（専制的）よりも権限の少ない多数の人達の意思も反映される決定（民主的）であることが望ましいというような前提である。

　このような見方に立って検討すると、中山間地域の小規模高校をどう処遇するかに関する政策には、次の三者の合意形成が必要になると思われる。第一は、当該地域の住民、とりわけ現在と近未来に、該当する子どもを持つ住民（含生徒）である。第二は、当該地域には直接関係しない都市部の住民である。納税分の内から、直接自分には跳ね返らないであろう公費を人口の少ない地域に充当することを容認するか否かである。さて第三は、こうした二者の存在を承知しながら、両者を同じ県民（国民）として認識し、利害関係を調整する教育行政である。教育行政にはさらに諸法令の遵守が求められる。

　法令を遵守する意味の行政指導と利害関係を含む住民・国民間の意思の調整という教育行政機能は、ではどのように発揮されていようか。筆者が事例を聞き取り調査した府県の場合、ほぼ共通に次の点が指摘される。

　先ず、教育行政内部において議論を尽くそうとしている点である。この点は、その後の過程がどう進行するかに関してカギになる。内部議論を通して「原案」を作成するであろうから、内部議論においては、そこに異なる意見を持つ人物が

いない場合でも、異なる意見を持つ立場を想定して議論を展開することが重要である。この点が欠けていると、外部に案を出したところからほころびが生じかねない。筆者が調査した府県の場合、事前に県民アンケートをとるなどの試みを行っている。

　第二は、原案の審議に当たる会議参加者の人選である。原案に賛同すると思われる人物のみを集める人選では、形式民主主義は踏襲されるも実質民主主義は遠ざかる。民主主義の基本は異なる意思の調整にあると考えられるからである。また、人選に際しては、当該領域の専門家を入れることも重要である。長野県の場合は、いわゆる専門家を4名入れていた。専門家のうちでも異なる意思を持つ者を入れることにより、審議はより公益に近づくことになろう。この場合、審議に参加する各代表には、「自由な意思表明」と「表明した意思に対する責任」の2つが不可分に伴うことが了解されていなければならない。民主主義の基本の一つは「自由と責任の両有」にある。したがって、相手の意思に反対する場合は、自分の対案を意思表明する必要に迫られる。こうしてこそ、形式に陥ることなく、真剣な、かつ公益にかなう議論が展開するのである。日本中の自治体の教育行政がこのようになった場合、一部の政治家から意見が出されている「教育委員会不要論」は沈静化するに違いない。

　さらに、行政は、行政として公正な立場から行政指導することも求められる。その場合、公明正大な知見と近未来の教育ビジョンが同時に示されなければならないであろう。

4．合意形成過程における「外圧的条件」と「内発的条件」

　合意形成過程で重要なのは、住民が直接参加することのできる初期段階を、可能な限り成熟させることである。行政担当者の中には、初期段階は民主主義の手前、「やむを得ず行う」ものだと受け止める人もいる。これでは民主主義は何時までも成熟しない。確かに、初期段階においては、「無いものねだり」「交換条件」「ビジョンのほとんど見られない反対意見」など、行政執行者から見て「困った意見」が付きまといやすい。しかし、この段階を丁寧に進めることを通して、参加住民において「自由かつ責任ある市民」と言う自覚が次第に熟して来るのである。「反対の場合は、ではどんな責任ある対案が可能なのか」「交換条件などが出

された場合、当該地域の自治体の財政から見て、永続可能な条件なのか」、こうした問いを、発言者自身も自らに問いかけながら行う議論こそが民主主義を成熟させる議論であろう。

　こうした過程を「厄介」「面倒」「煩わしい」等の切り口で切ってしまった場合、住民と行政の二項対立が浮き彫りにされ、「自治」の能力はどちらにも形成されないで終わる。教育に関する自治の能力を高めるには、先ず、地方行政担当者、とりわけ教育委員や教育長、その下に位置する管理職クラスの人々に「寛容さ」と「柔軟性」、さらに「辛抱強さ」が求められる。この点を見失い、権限にのみ頼って意思決定することがないよう見定める住民の能力も問われる。

　このように見た場合、学校をどうするかに関わる意思決定過程に、１）「外圧的条件」と２）「内発的条件」がどのようなバランスにおいて関わるかを検討する必要がある。１）は、国や府県が決定する法律や条例などの諸法令、政治的・政策的に影響力を持つ組織や団体などの意見表明などを指す。２）は、直接子どもを預ける保護者やその団体、教員集団や管理職を含む個別教員、公益的立場に立って行政判断しようと試みる教育行政スタッフなどである。こうした人や組織などがどのような意思表明や具体的な行動を採るかが、問題を大きく変えることがある。県の政策では「廃校」と計画された小規模高校が、住民有志の活動によって、生徒増募を実現し、県議会で「廃校と決まったものは決まった通りに」という意見をかわして「実績を評価すべき」とする意見が過半数に達した事例がある。都市部から生徒を導入し、地域の課題を検討しながら学ぶカリキュラムを仕組んでいる学校がある。こうした「内発」する住民の能力が問われていることを記して、章をあらため、事例を紹介して行こう[22]。

註

１）秋田県教育委員会「第五次秋田県高等学校総合整備計画〜後期計画〜」平成17年７月、序文。
２）秋田県教委、前掲資料、2-67頁。
３）福島県教育委員会「県立高等学校改革計画」平成11年６月、序文。
４）福島県教委、前掲資料、11-26頁。
５）長野県高等学校改革プラン検討委員会「長野県高等学校改革プラン検討委員会最終報告」平成17年３月、2-23頁。

6）長野県教育委員会「高校生の明日をひらく県立高校の創造──第１期長野県高等学校再編計画（案）──」平成21年３月、１-６頁。

7）前掲した３件の諸資料及び筆者による各教育委員会担当官からの聞き取り調査結果による。なお、調査は2009（平成21）年３月16日〜18日の間に行った。

8）山田正弘『希望格差』筑摩書房、2007、参照。

9）秋田県教育委員会、前掲資料40頁。

10）同上、40頁。

11）同上、62頁。

12）福島県教育委員会、前掲資料12頁。

13）同上、14頁。

14）同上、14頁。

15）同上、15頁。

16）同上、16頁。

17）長野県高等学校改革プラン検討委員会、前掲資料15頁。

18）同上、16頁。

19）府立学校の在り方懇話会「府立学校の在り方について（まとめ）」平成14年１月。

20）魅力と活力ある県立高校づくり検討委員会「平成21年度以降の魅力と活力ある県立高校のあり方について（答申）」平成20年21日。

21）宮崎県教育委員会「宮崎県立高等学校再編整備計画」平成15年１月。

22）近時出版された図書のうち参照したものについては参考文献欄に記す。

参考文献

１）尾木直樹『現在を生きる中・高生──心の居場所を求めて──』日本書籍、1996。

２）志水宏吉『学力を育てる』岩波書店、2005。

３）橘木俊詔『格差社会』岩波書店、2006。

４）山田昌弘『希望格差』筑摩書房、2007。

５）阿部　彩『子どもの貧困』岩波書店、2008。

６）広田照幸　監修『教育の不平等』（日本の教育と社会　13）日本図書センター、2009。

第五章　中山間地域の高校における
「内発的改革」の試行

　学校改革は、一般に学校教育本来の在り方と歴史的・社会的状況との関係から課題に直面し、現実的対応を迫られたとき行われる。近時の高校改革の場合、歴史的・社会的状況として、少子化と高卒労働市場の変容、生徒の生活及び進路希望の多様化が多くの関係者に認識される。こうした状況下、高校はその存続をかけて特色の創出を検討している。

　この章では、高校改革の検討過程において地域との連携を試行する高校の事例、高校留学制度の導入事例、中高一貫制を試行する事例、教育課程の改善を検討する事例など、「内発的改革」とも言える具体的な事例を記述する。

第1節　地場産業との連携を試行する——長野県蘇南高等学校の事例

1．本事例を記述する意図

　学校改革は一般に、①学校教育本来の理念や目的・目標等が変化する場合、②歴史的・社会的状況の変化によって理念等とは異なる状況が生まれる場合、に行われる。例えば、1945（昭和20）年以後数年間にわたって行われた教育改革は「戦後」体制確立を目指すものであり、学校改革と言うより学制改革の実態を帯びていた[1]。また、1960年代以降の十数年に渡る工業系高校、高専、大学の増設は高度経済成長という歴史的・社会的状況に対応した改革である。

　では、近時各府県で行われている高校改革の主要な背景は何か。教育の理念に関しては教育基本法が一部改正されたが[2]、それが近時の高校改革に直結しているとは考えにくい。そこで、府県が公表した改革案や計画書類を一瞥し、そこに潜在する背景を探ると、どの府県にもほぼ共通に「少子化」が揚げられることに気づく。少子化による生徒数の漸減、学校の小規模化、これまでの教育課程が維持できない状態の出現、加えて、個人主義化する社会思潮の下で起こる学区制へ

の批判……等が静かに渦巻いていることが読みとれる。

　こうした背景から見て、少子化の影響を最も強く受けるのは過疎地域の高校である。過疎化による生徒数の減少、経済成長及び個人主義の進展下で都市部の「有名校」に生徒の一部が移動し、さらに少子化が進む。この過程で既に消滅した高校も多い。他方、この動向下でなお存続を図る高校も少なくない。では、これらの高校は厳しい条件の下、存続を目標にどんな対策を講じているか。本節は、「地域との連携」を対策の中心に据える長野県立蘇南高校の事例を紹介し、そこに、存続のためのどんな可能性があるかを探ろうとして記すものである。

2．蘇南高校の沿革

　蘇南高校はどのような理由によって「地域との連携」を存続のためのキーワードにしたのか。まず、学校の沿革からひもといて見よう。参照するのは、筆者による関係者からの聞き取り結果と学校沿革史である[3]。

(1) 蘇南高校が所在する地域の概況

　蘇南高校は長野県木曽郡南木曽町大字読書（よみかき）に所在する。木曽郡は2010年時点で木祖村、木曽町、上松町、王滝村、大桑村、南木曽の6町村を範域とする。範域は北東から南西に流れる木曽川に沿った谷間と周囲の山岳地帯から構成され、集落は川沿いの狭い谷間に点在するが、旧時の中山道沿いにあり、歴史的にはその時代の新しい情報が頻繁に行き交う地域でもあった。島崎藤村の『夜明け前』の舞台でもある。旧郡役所は木曽町福島にあり、旧福島町が木曽郡における政治・経済の中心であった。この関係で、旧制中等学校も、木曽中学校、木曽高等女学校、木曽山林学校の3校がともに福島町に所在した。だが、大桑村以南の郡域は福島町から遠方にあり、生徒の通学が困難であった[4]。

　1948年に新制高等学校が発足するのを受け、郡南部各村はここに高等学校を設置したい意向を高める。当時の木曽郡南部地域は大桑、読書、吾妻、田立、山口、神坂の6カ村を範域としていた。主産業は農林業であるが、木曽川各所に点在する発電所などの電力業、観光業及び商業なども営まれる。1961年、6カ村のうち、読書、吾妻、田立の3カ村が合併して南木曽町となる。山口村は神坂村と合併後、2005年に岐阜県中津川市と県境を越えて合併した。

（2）木曽東高校定時制読書分校の発足

　木曽郡南部に新制高校を設置したいとする意向は、1947年11月15日に木曽郡を視察する林県知事に坂田読書村長が高校設置をも含む内容の陳情書を提出したことによって俎上に載る。11月28日には読書村議会が高校新設運動の推進を満場一致で議決。12月30日には郡南部6カ村代表による「蘇南高等学校設立期成同盟会」を設置した。「蘇南」は「木曽の南部」の意である。旧時、「木曽」は「木蘇」と記されたという

　ところで、当時は新制中学校の発足があり、町村は財政面で難問を抱えていた。期成同盟会は蘇南高校の設置を目標にしながらも、当面は福島町に設置される木曽東高校の定時制分校を開設することで現実的対応を行う。分校は1948年5月1日に開校し、農業科、被服科、木材工芸科の3科に合わせて63名が入学した。校舎には読書村旧開拓道場、寄贈された発電所の附属建造物を充当した。こうして、旧時は福島町または中津川に通う以外に後期中等教育が受けられなかった地域に、辛うじて新制高校が設置されたのである。

　だが、課題は山積していた。出来れば全日制独立校の設置が望まれたからである。この意向は、1949年、岐阜県中津川の事情によって拍車がかかる。当時、木曽南部からおよそ120人の生徒が県境を超えて岐阜県に通学していたが、岐阜県が学区制を採用し、県外生の入学を認めない方針を採るという風評が生まれたのである。同じ頃、中津川高校で火災があり、教室に不自由したことから、長野県からの入学生を入れることが出来ないという事情も生じた。蘇南高校設置運動はここで本格化した。分校生徒による署名活動も展開。だが、期成同盟のうち、比較的木曽町に近い大桑村の熱意が冷めはじめていた。6カ村一致が困難になり、再び現実的対応が迫られる。こうして踏み切ったのが、大桑村を除く5カ村組合立の高等学校設置案である。

（3）組合立蘇南高校の設置

　1952年12月、期成同盟会は5カ村組合を設置し、蘇南高等学校組合議員を選出した。年明けの1月には教育課程、教科課程作成を地元小中学校校長に委嘱する。設立準備予算も計上し、県に設置認可を得る準備を整え、1月10日付けで申請書を提出。県教育委員会は2名の主事を読書村に派遣し組合と協議を重ねた。木曽地域選出県会議員への説明も行い、2月4日、念願の設置認可を得る。こうして

1953（昭和28）年４月１日、学校組合立蘇南高校が発足する。

　発足時、教員定数は８名であった。生徒は、初めから進学を目指す者、地元に学校が設置されたので入学した者など多様であり、学業成績にもばらつきがあった。それはしかし、希望する地域の生徒をほぼ全員入学させる学校ではどこにも見られた現象である。

　蘇南高校は、発足と同時に次々と体制を整えていく。発足年の７月には、生徒会新聞「蘇南学報」が発刊された。生徒会が生まれ、保護者会（PTA）も生まれる。また、木曽東高校読書分校を蘇南高校定時制として編入する。文化祭、修学旅行などの学校行事の実施態勢も整い、1956年３月に、第１回卒業式を挙行した。

（4）長野県への移管

　高等学校としての内実を充足する過程で、地域住民に「県への移管」要望が高まる。県は木曽町に所在する３校に加えて、人口約７万人（当時）の木曽郡に県立高校を更に１校加えることには難色を示す。前段として、木曽東高校（旧高女）と木曽西高校（旧木曽中）の統合後に蘇南高校の県移管を計画していた。だが、木曽町所在２校の統合は難航した。その結果、蘇南高校の県移管は先送りされたが、1955年度から、教員などの人件費について県が負担するところとなり、こうして県移管の端緒が生まれる。県移管が完成したのは1957年度からである。

　移管後もしばらくは組合立時代同様に、「進学科」「商業科」「家庭科」の３つをインナーコースとして設置していたが、1962年度から１学年当たり普通課程２学級80名、商業課程１学級40名、計120名募集が決定する。さらに、校章、校歌、校旗も決まり、生徒の制服、制帽も新しくなる。体育館の新築、理科施設の新築、校庭の造成……と、次々に学校整備が進行し、1963年度には電気科が設置された。

　他方、学校組合はなお高校に対する財政支援上の必要もあり、しばらく存続する。この過程で、当初は組合に参加しなかった大桑村が1964年から組合に加入。蘇南高校が、文字通り木曽郡南部全域から支援を受ける態勢が実現する。学校組合はその後およそ10年間続き、1972年夏に解散する。組合に依存しない県立蘇南高校が生まれたのである。

(5) 地域との関係

　木曽東高校定時制読書分校の設置、組合立蘇南高校の設置、県移管による県立蘇南高校への移行……と辿った足跡から分かるように、蘇南高校は地域との関係を最初から強く持ち続けた学校である。この足跡を『蘇南高校五十年史』の「章構成」に盛られた用語に見ていこう。

··

··

　なお、こうしたタイトル以外に、例えば学校林の設定や高校地元町村協議会の発足などの小見出しを加えれば、「通史」は地域との関係なしには語れないほど地域と関係を深めている。

3．社会的状況変化と学校改革の課題

　蘇南高校には、学校発足期から「地域との連携」が学校存続の「切り札」という側面があった。では、この側面は、その後、どんな状況の下で顕在化するか。以下、聞き取り結果及び学校要覧などを資料として探ってみよう。

(1) 多様化と分化の同時進行

　近年、とりわけ1990年代以降の約25年間の日本をどのような社会であると規定・形容するかは、見方により、基礎とする学問分野によって違いがあろう。人口動態、経済の国際化、個人主義の展開などを視点にする場合、この四半世紀は「多様化・分化が同時進行する」社会であったと言えるであろう。例えばひとの生活様式は1960年代や70年代とは比較できないほど、さらに80年代との比でもかなり多様になった。多様化は、価値観の多様化、生活世界の多様化を生みだし、同時に経済的、社会的、文化的な格差を大きくした。この過程は労働人口の移動

表-1　蘇南高校卒業生数　　　　　　(西暦、人)

卒業年度	卒業生数	卒業年度	卒業生数	卒業年度	卒業生数	卒業年度	卒業生数	卒業年度	卒業生数	卒業年度	卒業生数
1955	99	1964	134	1973	209	1982	213	1991	174	2000	117
1956	111	1965	224	1974	202	1983	198	1992	156	2001	117
1957	111	1966	232	1975	202	1984	160	1993	151	2002	111
1958	155	1967	223	1976	224	1985	202	1994	170	2003	110
1959	127	1968	221	1977	202	1986	208	1995	152	2004	96
1960	138	1969	212	1978	215	1987	171	1996	141	2005	79
1961	140	1970	214	1979	195	1988	172	1997	140	2006	107
1962	136	1971	215	1980	194	1989	169	1998	132	2007	70
1963	109	1972	209	1981	210	1990	164	1999	112	2008	64

出典：学校要覧、2009年度版より筆者作成。

とも重なり、過疎・過密地帯が作り出された。続いて消費水準の維持、高学歴化と教育費の増大、派遣労働など労働条件の多様化と晩婚化など、複雑な要因による少子化が発生する。さらに、個人や家族が集団や組織から分離し孤立する。分離や孤立には「自由」を装うものもあり、マイナスイメージの少ない「多様化」の名の下に深刻な問題を抱える場合がある[5]。

　この変動は都市・農村を問わず出現した。即ち、地域や家族の多様な状況が生まれ、それはそのまま学齢期生徒の多様な状態を生み出す。こうして、95％以上水準の進学率の下、高校に多様化する生徒への多様な対応が求められるようになったのである。

(2) 生徒数の変遷

　状況変化は、先ず生徒数に現れる。表-1は蘇南高校第1回（1955年度）～54回（2008年度）までの卒業生総数である。表に見られる特徴を探り、多様化事象と関連づけてみよう。

　特徴の1つは、生徒数が必ずしも安定していないことである。都市部のように学級数を一定にし、常時定員通り生徒が入学したのと異なり、限られた地域の生徒数と進学率の変化（上昇）を横目にしなければならない蘇南高校の実像が浮き彫りにされる。

　第2は、昭和37年と38年に商業科、電気科を設置し、生徒数が増大したことである。その社会的背景には、進学率の上昇と経済成長に見合う課程設置の必要性

があった。

　第3は、1986年以降、生徒数がほぼ一貫して減少していることである。社会的背景として考えられるのは過疎化と少子化である。

　ところで、表には示されないが、蘇南高校は第11回（昭和40年度）～第56回（平成22年度）卒業生まで、普通科、商業科、電気科の3課程を維持する。ただ、平成11年度卒業までは、普通科が2～4学級編成で動いていた。入学生の多寡によって普通科が「調整」役を負っていたのである。だが、少子化の進行過程でその後は普通科も1学級（40人）募集に変わっている。では、この変化は高校の設置課程にどのように影響するであろうか。

表-2　課程別卒業生数

卒業年度（西暦）	卒業生数（人）		
	普通課程	商業課程	電気課程
2000	40	39	38
2001	40	40	37
2002	41	40	30
2003	36	38	36
2004	36	32	28
2005	26	31	22
2006	40	37	30
2007	16	34	20
2008	13	19	32
2009	26	25	15

出典：学校要覧、同前より筆者作成。

(3) 過疎・少子化の進行と高校における多様化・分化の影響

　前に述べた変化は、蘇南高校が設置課程を巡って模索したことを示すものでもある。普通科の内容は維持したいが、商業や電気に関する専門科目も就職する生徒を念頭に置けば是非残したい内容である。3課程をともに存置するには生徒数が一定水準必要である。だがそれは年々厳しくなる。そこで考案したのが募集学級数を越えてコースを設置することであった。さらにそれは、進学にも就職にも対応が可能な「総合学科」の設置へと変化する。

　蘇南高校の場合、平成19、20年度入学生について、2学級募集で3コース（普通、商業、電気）を設定する。平成21年度入学生から総合学科に切り替え、前年度入学生同様3コースのいずれかを選択できるようにしたのである。

　多様化の影響は生徒の生活根拠地（出身地）の変化としても現れる。2009（平成21）年4月現在の生徒の出身中学校は、全校194名に対して、地元の南木曾中学校が37.1％、大桑中学校22.2％、計59.3％である。6割が木曽郡南部2町村出身である。ところで、平成21年入学生のみを見ると、両中学校出身28名で1年生61名に対して45.9％に後退する。もしこの傾向が続けば、蘇南高校は「地域との連携」という創立以来の特色ある根幹を揺るがしかねない。高校が迎えた危機

として受け止め得るが、では、こうした現況を高校はどう認識していようか。

(4) 蘇南高校における学校改革の課題認識

　学校側の公式的現況認識は学校要覧に記された教育目標や指導方針などを基本とするであろう。蘇南高校の場合、それらは次のように打ち出される[6]。

教育目標……「開拓者の精神を具現することのできる学校を」という建学の精神に基づいて次の目標を定め、地域社会の期待にこたえることのできる人材の育成を目指す。
- 　自主的、自律的な生活態度を養い自己の進路を切り拓く力をつける。
- 　青年らしい公明で誠実な生き方と豊かな社会性を身につける。
- 　学問と真理を愛し追究する力をつける。

指導方針……ア　学習指導……
- 　授業の充実と学習意欲の喚起
- 　家庭学習の充実
- 　学習とクラブ活動との両立

イ　生活指導……
- 　基本的生活習慣の確立
- 　人権感覚の育成
- 　自主的、自律的な生活態度を養い人生問題解決の力を育成
- 　校外生活指導の充実
- 　生徒、教師の相互理解の深化
- 　教師集団の一貫した指導体制の確立

ウ　進路指導……
- 　よき職業人となるための自覚の形成と学力の伸長
- 　目的意識の明確化と達成意欲の喚起
- 　自己の発見と能力の伸長

　要覧では、教育目標に本校の「建学の精神」を謳い、「地域社会の期待に応える」人材の養成を挙げる。地域の期待に応える教育が必要であり、それが弱くなれば

本校の特色が薄れ、本校を生徒が選択しなくなるという認識である。県立高校であるから教師は蘇南高校にのみ勤めるわけではない。したがって教育目標の理念には、教員のみでなく、地域住民の意向も反映されていると見なければならないであろう。

　では、住民はどんな団体・組織を構成して蘇南高校の教育に関わっていようか。要覧には記載されないが、関係者からの聞き取りによれば、学校と関わる団体・組織を挙げれば次の通りである。南木曽町、同窓会、学校評議会、蘇南産業教育振興会、蘇南高校を育む会、地元市町村協議会、蘇南高校PTA……など。これらの団体・組織がどのように具体的に学校と関わっているかについては次の項で述べる。

　さて、目標とする理念に即して、本校が採る指導方針は、学習・生活・進路をキーワードとする具体策である。それには地元の小中学校との連携も必要になる。本校は2010（平成21）年度に「小中高連携教育連絡会」を設け、次のように意見集約している。

　　高校が中学校にできること……出前授業、授業参観、授業研究会、部活や文化
　　　　　　　　　　　　　　　　祭への協力……
　　高校が小学校にできること……学習ボランティア、運動会／遠足補助、授業参
　　　　　　　　　　　　　　　　観、授業研究会……
　　中学校が高校に望むこと………美術の授業支援、2〜3日の体験入学
　　小学校が高校に望むこと………パソコン教室、50メートルプールの開放

　以上のうち、既に「小学生のためのパソコン教室」「商業科パソコン先生」「中高交流会」「小中高教職員研修会」は実施し始めている。また、地元の町に対しては、「ミツバつつじ祭」「南木曾マラソン」などに生徒がボランティアとして参加する態勢を作っている。

4．地域との連携を中心とする改革の試行

　少子化による学校存続の危機を認識しながら、では、本校及びその支援団体・組織は具体的にどんな改革を試行しているか。以下、聞き取り調査から得られた情報をまとめてみよう。

（1）教育課程編成に関する試行

　教育課程編成上、本校が最も工夫するのは、総合学科2学級を普通科目に重心を置くコース（文理系列）と商業科目、工業科目に重心を置くコース（経営ビジネス系列）（ものづくり系列）の3コースを設定し、2年次から生徒が選択できるようにする点である。その前提として、1年次に共通科目を取得するが、特に「産業社会と人間」という科目を導入した点が特徴的である。この科目を中心に、生徒は自分の進路について「本気で考える」態度を習得する。これと関連して、「進路の日」を設け、大学や企業の見学を実施する。長期休業を活用して企業・福祉施設などで就業体験も行っている。

　「学校案内」によれば、文理系列の選択例として「国公立大学文学部に進学したい」「看護系専門学校に進学したい」「デザインの勉強をしたい」の3つが典型例としてあげられる。経営ビジネス系列については「経済学部に進学したい」「理美容・調理関係の仕事がしたい」「コンピュータ関連の仕事がしたい」の3つが例示され、ものづくり系列については「電気系に進学したい」「機械・自動車関係の仕事がしたい」「情報系の仕事がしたい」の3つが挙げられる。特徴的なのは、どの系列からも進学と就職の両方が可能な仕組みにしていることである。

　また、学校設定教科として「就業体験」をコース・学年を越えて1単位ずつ認定する点にも特徴がある。これは2004（平成16）年度から導入した仕組みで、規定の日数以上の就業体験を行った生徒に対して増加単位として認定する。

　更に、公式的技能検査などに合格した場合、その成果を一定の基準に従って単位認定する仕組みを設けている。1997（平成9）年度から導入したもので、平成21年度の場合、「実用英語技能検定」「電気工事士」「簿記検定」など33の検査を認めている。

（2）外郭団体への呼びかけ

　高校の存続には一定数の生徒の入学が必須条件である。では、学校はこの条件をどのように満たそうとしているか。第1は教育課程の充実である。学べる内容と、卒業時に可能な進路を明確にして中学生とその保護者にアピールする活動が必要であろう。第2は課外学習の充実である。先ず部活動の充実、加えて地域と連携したボランティア活動なども視野に入れなくてはならないであろう。第3に学校の全体的風土も問われる。生徒に対する地域住民の評判、校内にみなぎる学

校風土としての生徒文化（生徒会活動・文化部や体育部の活動・生徒の会話や服装、興味・関心傾向やしぐさなど）も何時しか評価されるであろう。

　では、蘇南高校の場合、こうした課題にどんな対応をしているか。まず、教育課程については、2学級募集でありながら実質3学級分のコース編成をしており3学級募集とほぼ同量の授業を行っている。その分の教員の加配は無く、教員側の「サービス」でカバーしているのが現状である。これに生徒が応えるのを待つところであったが、平成22年3月卒業生に、地元長野県所在の国立信州大学合格者が1名現れたところである。国立大合格者の出現は数年ぶりという。教育課程としては他に、1年次に「習熟度別指導」を導入している。

　課外活動では、生徒数が減少する中ではあるが、部活動を可能な限り残すための工夫を試みる。その一つが生徒数の減少で「部」として維持できなくなる活動について、「同好会」扱いとし、部外者や学外者の参加も可能にした点である。学校教育と社会教育の連携スタイルの一例といえるかも知れない。また、活動を推進する際に、生徒の移動に使うバスを外郭団体が用意し、運営しており、学校との連携を採っていることも加筆してよいであろう。さらに、生徒による地域ボランティア活動なども次第に形を整えている。

　学校風土に関して、具体的に試みる改善策として、生徒による地域ボランティア活動への参加、社会教育活動への参加、蘇南高校を育む会による地域フォーラムなどが挙げられる。南木曽町には「南木曾ミツバツツジ」という他地域には見られない特徴のあるツツジが咲く。春にミツバツツジが咲く一定期間、「ツツジ祭」が行われるが、ここに蘇南高校生徒も出店や駐車場整理などで一定の役割を果たすのである。また、秋期の地域事業実施時には草刈りと会場作りに同じくボランタリーな形で生徒が参加する。こうした活動は、筆者が聴き取る限り、住民が高校や高校生にプラスイメージを持つ契機になっている。

（3）外部団体との連携

　日本の学校の場合、外郭組織として、小学校から大学までほぼ一律に同窓会が結成されてきた。蘇南高校もその例外ではない。同時に、蘇南高校にはもう一つ「蘇南高校を育む会」という組織がある。2004（平成16）年9月の設立であるが、こうした動きは2003年頃から、生徒数の減少に伴って高校の存続が危うくなった長野県内全地域において生まれはじめたと言われる。事務局を長野県教育会館に

置き、元高校教師であった県議会議員が全県の動向をまとめる形で「県立高校の存続発展を願う会」を組織し、会長職に就いている。「蘇南高校を育む会」もこれに加盟。2010年2月には第5回の地域フォーラムを行った。約100名が集まり、総合学科の発足を受け、学校と生徒から総合学科についての説明と総合学科で学ぶ実際についての発表を行った。ここに県境をまたいで隣接する岐阜県中津川市の教育長も参加している。「育む会」は、今後更に進行するであろう少子化を前提に、蘇南高校の生徒「求心力」をどう強めるかを検討しているところである。

(4) 地域諸産業との連携

蘇南高校は従来から就職率のよい高校として県内でも上位校に数えられてきた。それには進路指導、とりわけ就職指導のきめ細かさと、地元事業所などとの十分な連携が必要になる。また、地の利から岐阜県中津川市などに所在する事業所との連携も重要になる。南木曽町商工会議所の話によると、卒業直後に南木曽町内の事業所に就職するのは10人ほどであるという。町の第二次、第三次産業は必ずしも盛況とはいえず、商工会議所も近時、事務員を1人減らした。中仙道沿いの観光も客数は横ばいであり、民宿数は減少気味である。地域再興が町の重要な課題の一つである。

こうした課題を抱える最中であるが、しかし、地域には、蘇南高校と連携して質の高い高卒従業員を採用する事業所もある。そうした事業所の一つに「(株)南木曾発条」がある。自動車の各所に使われるバネの製造を行う事業所である。2010（平成22）年2月現在、従業員が207名いるが、全て地元で採用したという。内訳は、南木曽町出身者60％、大桑村出身者30％、上松町・中津川市出身者10％である。また、事業所の方針として従業員の殆ど全てを「正採用」としている。2008年秋から続いた不況時も正規採用を継続し、受注が少なくなったので浮いた時間を品質管理のための従業員教育に当てた。自動車部品としてのバネの場合、JIS規格ではなく、オーダーメイドの受注である。注文主の希望と期待にきちんと応えなくてはならない。その意味で、品質管理の土台ともいえる従業員教育を大切にしているという。2009年7月からは受注が上向き、人手不足状態にまで至っている。蘇南高校からは毎年のように1人以上採用（2010年4月採用に内定したのは2人）しており、学校も質の高い教育を施し、かつ意欲に満ちた生徒を送ってくるので安心して採用できる状況が続いている。因みに、筆者にこの話をし

て対応したのは蘇南高校を1980（昭和55）年に卒業した総務部次長である。経営者の社長は「仕事に厳しく、人に優しい人」というのが多くの社員評という。

(5) 蘇南高校の「存続と地域作り」の試行

　では、こうした社会情勢と教育・学習環境を受けて、生徒はどのように学び、どのような進路を選択しているであろうか。

　筆者が訪問した日、生徒には予告なしに学校長と時間をかけて校内を回ったが、教室や体育館における受業風景、実習室に於ける実習風景など、どの学習も整然と行われており、「少人数学習」の形態で教師との関係、生徒相互の関係が親密・濃密に展開している実態が観察された。

　平成20年度卒業生の進路についてみると、「大学進学」８％、「短大進学」８％、「専門学校進学」19％、「就職」64％、「その他」１％である。進学の場合、数年来国公立大学・短大などへの進学は無かったが、2010（平成21）年度卒業生に信州大学進学者が現れたことは既述の通りである。

　では、高校存続という目標に向けた関係機関・関係団体や組織・関係者の間で行われはじめたこれらの動向は、南木曽町など木曽郡南部地域全体の「地域振興」ないし「地域作り」とどのように関わっているであろうか。

　高校を存続させるための組織とその活動実績は、記してきたように、見える形の実績をあげている。それに呼応するかのごとく、高校（教員）側も、「オーバーワーク」を知りながらも、平均的なルーチンワークを越えて授業や生徒の進路指導などに当たっている。地域関係者や関係組織が活動し始め、学校（教員）が教育・指導の動きを活発にした場合、生徒には無意識的ながらも「自分達の指導に向けた動向・蠢_{うごめ}き」が感知されるであろう。それは、卒業以後の生徒の内面に「人事にされた」自覚を醸し出し、間接的に自己肯定感、自己実現や社会貢献に繋がるであろう。

　だが、同時に、卒業時点で、あるいは、進学などでひとたび地域外に他出した後に再び地域に帰り、そこで人生中枢期の社会生活を営むことが出来る途も開拓・開発・創造するのでなければ、学校存続は、なお、危機に瀕する。その意味で、地場産業基盤の形成が「地域の子どもを地域で育てる」ために必要条件になる。では、たとえば、1970年代頃まで盛んであった木工業、製材業、建設業などが南木曾一帯からなぜ後退しかけてきたのであろう。かつて50軒を越えていた民

宿も、減少しはじめたのは何故であろう。

　巨視的視点に立って答えれば、それは、「市場」化経済優先が「共同」生活を壊滅状態に追い込んだからに他ならない。地域の生活機能を維持するには「市場」化せずに「共同」を維持したほうがうまくいく場合も多い。地元に一定の商店街があり、宿があり、娯楽や信仰にまつわる生活慣行が根付いていることが「共同」を維持する上で必要であろう。こうした点に、町という自治体がどこまで自覚的に関与するかが今後の事態に大きく関わってくる。単に高校側にのみ努力を求め、高校進学年齢生徒のいる家庭の選択のみに問題を矮小化したりしてはならない課題があることに気づくところである。

第2節　高校留学制度の導入を試行する——福島県只見高等学校の事例

1．本事例を記述する意図

　全国的な少子化過程で、中山間地域に所在する高校は年々小規模化し、存続可能なギリギリの線で生徒数確保に工夫を凝らしている。これが成功しなかった場合、高校の存続は困難になり、地元の中学卒業生の高校進学は地元以外の高校選択に限定される。その場合、国全体として経済活動も停滞する中、これまでは地元に高校が存在したことにより高校進学が可能であった社会階層の生徒に、進学を断念させる事態も生じかねない。

　こうした状況の下、高校は、地元の教育委員会はもとより、地元地域社会の諸団体や組織、さらに理解と関心のある地域住民諸個人を組織化し、生徒数確保のためのさまざまな工夫を模索し始めている。例えば、斬新な教育課程の探索、特色ある全国ネットの部活動創出、地域の諸社会資源との連携、専門科目の強化などが数えられる。このメリットを前面に打ち出すことが出来れば、都市部の生徒を留学生として迎え入れることが出来る。留学生事業は、高校存続を希望する中山間地域と、自然の中で深い人間関係を形成したいと希望する都市部生徒双方の期待に応える事業になる可能性を帯びる。

　ところで、それらが「真に有効な手段・方法」として定着するには、実績を挙げるための具体的実践において、運営上の困難な課題を乗り越える過程が潜在する。本節は、福島県只見高校の場合を事例に、次の2点からこの過程にアプロー

チしようとするものである。1）高校存続のための「手段・方法」の選択とその
ための対策決定過程。2）対策を具体化するための関係社会資源との連携。

2．福島県における高校改革の動向

(1) 福島県における高校改革の課題

　少子化進行を主な要因として、全国各都道府県において高校改革が課題になっ
ている。福島県もその例外ではない。現在実施している改革内容は、1999（平成
11）年に策定した『県立高等学校改革計画』を端緒とするが、その発端はさらに
1991（平成3）年に「生徒減少期における高等学校教育の在り方について」、県
教育委員会が県学校教育審議会に諮問したことに遡る。この諮問への答申は平成
19年度を目標に行われたが、少子化の流れは更に深刻な状態を呈しており、次の
課題が検討されているところである。課題は次の4点に集約される。

　　1）学校の適正規模化……1学年、原則、4〜8学級とする。
　　2）学校の適正配置………どの地域にあっても、原則、希望校の選択が出来る
　　　　　　　　　　　　　　ようにする。
　　3）学科の適正配置………普通科、専門学科などの各特色を活かした適正配置
　　　　　　　　　　　　　　に努める。
　　4）教育の充実……………中高一貫教育、学習施設・設備の充実などに努める。

　なお、2011年3月11日の「東日本大震災」は、福島県の場合、地震と津波によ
る被害はもとより、東京電力福島原子力発電所の決壊事故に起因する放射能漏れ
事故があり、2015年時点においても帰宅困難人口が約10万人に達している。この
「3.11」を契機とする高校教育課題は緊急課題として浮上しているが、本稿の意
図に直結する課題ではないので、ここでは割愛する。

(2) 福島県における小規模高校対策

　さて、県土が広く、中山間地域も広大な福島県の場合、理念通りには行かない
場合も発生する。また、例えば学校規模を原則通りにした場合、自宅通学に支障
をきたす生徒が相当数輩出する。そうした事態を見越し、小規模化する中山間地
域の高校については別途小規模校対策を立てている。この過程で、平成14年度か

ら中山間地域など特別な事情がある場合、1学級当たり生徒定数を35人とすることが出来るようにしている[7]。

　とは言え、「1学年2学級規模の本校において、入学者数が募集定員の2分の1以下の状態が3年続いた場合、その翌年度から分校とする」という基準もある[8]。募集定員をどのように満たしたらよいかが問題になる高校の場合、学校だけでなく地域社会においても、生徒数獲得は学校の重要な課題になる。「奥会津」と言われる地域に所在する只見高校もその一例である。

3．福島県只見高校の沿革

(1) 1948年の学制改革以前の動向

　只見高校が所在する只見町は、福島県西南部に新潟県と接する位置にある。山間地域であるが、明治5年に始まる学制以後、中等教育導入に対する住民および地域指導層の意欲が漸次高揚する。中央文部行政の意向もあり、明治38年12月、この地域に「朝日村立農業補習学校」が創設された[9]。「傍系」的ではあるが只見地域における近代中等教育の端緒である。

　この学校は、そこで学ぶことを想定された地域の青年達の農業就労実態に合わせ、授業は夜間に行われた。また、就学にはまだ馴染みの薄かった女子の就学を目的に、冬季の4ヶ月間、専任教員を招いて裁縫を教えている。大正7年、昼間制に移行したが生徒は殆ど増えなかった。ただ、裁縫指導を主とする女子部は活況を帯び、大正13年度、朝日本校に70名、熊倉分校に23名が就学している。

　この学校が、後に青年訓練所と統合して青年学校になり、昭和22年に廃止されるまでの足取りは日本全体の学制動向と同じである。

(2) 前身校「伊北分校」の設置

　1948（昭和23）年、学制改革により新制高校が発足する。旧制中学校、高等女学校、実業学校などは、単独あるいは数校統合して新制高校の母胎になる。だが、青年学校はこの母胎になることが出来なかったので、「正系」中等学校を持たなかった只見地域は、高校教育から遠い位置にあった。ただ、新制高校には定時制分校設置が認められていた。県教育方針は「南会津西部地域に高校一校」であったが、これを本校とする分校設置の動きが各村で活発になる。旧只見村も分校設

置を希望した村の一つである。『創立50周年記念誌』は次のように記している。

　「……昭和23年３月、県教育委員会は南会津地方の高等学校設置について、その要望を聴く会を富田村（現南郷村）和泉田で開催したが、その際、伊北村にも高等学校を創ろうという運動が起こり、渡部貞次郎村長と新国学教育委員（村議）が富田村に出向き、高等学校設置を願い出た。その後、度重なる陳情を繰り返した結果、南会津西部に一校という県当局の考えを動かし、同年７月31日に南会西部高等学校の伊北分校（定時制）の設置が認可された……」[10]。

『学校要覧』によれば、この時、伊北分校の他、近隣地域に伊南分校、舘岩分校、朝日分校も創設されている。多くは新制中学校に併設される形であった。伊北分校も伊北中学校に併設され、農業科と家庭科の２科を導入した。定員はともに50名である。その年の８月２日に入学式を挙行。さらに12月には「季節学級家庭科」を併置し、片貝、明和、楢戸、只見の４カ所に季節学級を開設している。以後、独立までの伊北分校沿革の概要は次の通りである。

・1949（昭和24）年11月、旧農事試験場只見試験地事務所あとに移転し、独立校舎となる。
・1950（昭和25）年12月、季節学級明和分室開設。
・1951（昭和26）年４月、明和分室を明和分校と改称。
・1952（昭和27）年４月、農業科、家庭科を募集停止し、普通科（定員40人）を設置。
・同年11月、伊北村を只見村と改称したことに伴い、「只見分校」と改称。
・1953（昭和28）年７月、明和分校に短期農業科、家庭科設置。
・1954（昭和29）年12月、校舎落成（現校舎の一代前）。
・1957（昭和32）年４月、明和分校と朝日分校を統合し「つつじヶ丘分校」を設置。
・1958（昭和33）年４月、つつじヶ丘分校朝日校舎募集停止。
・1959（昭和34）年４月、只見分校全日制普通科40名募集となる。
・1960（昭和35）年４月、南会津高等学校と改称し、「南郷校舎」「只見校舎」となる。

・1961（昭和36）年 4 月、つつじヶ丘分校明和校舎農業科募集停止。

・1962（昭和37）年 4 月、つつじヶ丘分校に農業科（定員20名）募集認可。

・1963（昭和38）年 4 月、只見校舎120名となる。

・1964（昭和39）年 4 月、只見校舎独立昇格。県立只見高校（含・つつじヶ丘分校）になる。

(3) 只見高等学校としての独立

　只見分校は、こうして校舎、体育館、グランドなどの主な教育施設はもとより、設備関係についても毎年一千万円を超える町の予算をつぎ込み、所在地域に支えられながら高校教育を保持し続ける。この間、1949（昭和24）年に打ち出された只見川電源開発に関する国の構想があり、1953（昭和28）年に着工。1961（同36）年まで工事が続いた。建設関係者を中心に町の人口が急増し、人の異動が大きくなった。また、「昭和の大合併」が進み、1955（昭和30）年 7 月、只見村と明和村が合併。1963（同38）年からはベビーブーム期生まれの「団塊の世代」が中学卒業を迎える。経済成長が始まっており、高校進学率もそれと並行して上昇する。この過程で只見分校は生徒総数が300名を越えた。独立が内定したのは1963（昭和38）年暮れであった。

　独立校只見高等学校の設置に伴い、つつじヶ丘分校は只見高校の分校になる。校章制定、校歌制定等が相次ぐなか、1971（昭和46）年 8 月に国鉄只見線が全線開通。新潟県北魚沼郡の中学校からも生徒が応募するようになる。また、硬式野球部の設置など、独立高校としての形を次第に整備していく。この間、つつじヶ丘分校が昭和53年 3 月をもって閉校する。それはまもなく課題として立ち現れる少子化問題を呼び込む「予兆」でもあった。こうした過程で、県外生の受け入れという県境の高校ならではの経験が只見高校の、生徒減少期にどんな影響を与えるか、まだ多くの人々の意識には昇っていなかった。

4．留学生事業の導入と展開

(1) 只見高校生徒数の推移

　山村留学生事業は2002（平成14）年に開始した事業である。その理由の根底には少子化による生徒数確保が困難になる事実があった。では、只見高校の生徒数

表- 3　只見高校（含、分校期）卒業生数の推移 （人）

年度	卒業生数	年度	卒業生数	年度	卒業生数	年度	卒業生数
昭和26	8	昭和38	48	昭和50	92	昭和62	42
27	10	39	77	51	85	63	55
28	16	40	129	52	97	平成 1	48
29	23	41	142	53	82	2	66
30	38	42	142	54	82	3	63
31	19	43	133	55	64	4	56
32	27	44	117	56	77	5	57
33	35	45	93	57	75	6	52
34	33	46	144	58	62	7	50
35	28	47	77	59	50	8	51
36	83	48	88	60	55	9	50
37	87	49	90	61	49		

出典：『創立50周年記念誌』より筆者作成。

はどのように変化してきたであろうか。表- 3の年次別卒業生数を資料に検討し
よう。

　表から生徒数の推移を検討してみよう。分校創設直後期の卒業生は20名にも満
たない状況である。この期は、農山村に設置された他の分校の例からも、卒業す
ることのメリットが十分に行き渡らなかった時期である。入学時はもっと多くの
生徒が在籍していたと思われる。入学した生徒の大半（80％以上）が卒業する状
態が生まれたのを昭和30年代半ばとすれば[11] 只見高校の場合、入学生数が 2 学
級分正式に揃ったのは「昭和34年度入学・36年度卒業生」からであると推測する
ことが出来る。途中、高校進学率の向上と団塊世代の入学などが重なり、数年間
に渡って 3 学級募集状態も確保できたが、昭和60年入学生頃から、再び 2 学級維
持が危ぶまれる状態になる。生徒数のこうした展開において、1971（昭和46）年
の只見線全線開通は、只見高校にとって、隣接する新潟県北魚沼郡（現・魚沼市）
入広瀬中学校など 6 中学校からの生徒募集の好機になる。これら 6 校所在地域は、
新潟県小出高校と福島県只見高校のほぼ中間に当たる地域である。
　県境を越えた募集であり、只見高校側からの積極的な働きかけが必要であった。
只見高校元PTA会長、目黒良平は、新潟県まで生徒募集したときのことを次の
ように綴っている。

表- 4　年次別、新潟県からの入学生数（昭和47年度～平成10年度）

年度	入学生	年度	入学生	年度	入学生	年度	入学生	年度	入学生
昭和47	16	昭和53	1	昭和59	4	平成2	5	平成8	2
48	5	54	4	60	0	3	5	9	4
49	8	55	4	61	2	4	9	10	2
50	4	56	0	62	5	5	6		
51	1	57	0	63	4	6	5		
52	0	58	0	平成1	6	7	7		

出典：『創立50周年記念誌』より筆者作成。

「……平成九年十月のこと。午後五時すぎ、三瓶副会長と二人で新潟県入広瀬村に生徒募集に出発。……学校案内と他のいろいろな資料をもち、……中学三年生二十二名一軒残らず只見高校への入学をお願いする……」[12]。

では、こうした活動はどのように実ったのか。表- 4に新潟県からの年次別入学生数をまとめよう。

表から分かるのは、昭和47年度を除いて新潟県からの入学生数はどの年度もひと桁であり、生徒数確保を確約するものではなかったことである。とは言え、小規模化する高校の場合、「生徒があと3～4人いればもう1学級確保できたのだが」と言うことも多い。その意味では、県境を越えて入学してくる生徒が確保できることは、只見高校にとって一つのメリットである。また、このメリットを継続する意味において、PTAや同窓会が活動することに関しては、地元高校の存続目的以外にも、例えば地域社会における人の交流と言うような目的を果たす上で潜在的機能を発揮するであろう。こうしたいわば「伏線」が功を奏して新たな発想に結びついたのが「山村留学制度」の導入であると見ることが出来る。

(2) 留学制度の導入と実績

山村留学制度は、平成14年度から継続する、只見町教育委員会と只見高校の協力によって進める事業である。南会津郡一帯は山村の景観を呈しており、公共交通機関を利用するだけでは最寄りの高校に自宅から通学することが困難な地域がある。昭和20年代には、新制中学校併設の形で高校の分校が各地に設置されたが、生徒数の確保や校舎・設備などの条件が整わずに閉校する分校が相次ぐ。こうして自宅通学困難地域が出現するが、経済力のある階層の場合は、都市部に下宿し

て進学させたり、寮生活させたりすることが可能であった。

　しかし、学卒労働市場が整備され、学歴と年収、さらには生涯賃金の間に歴然とした「比例関係」が感知されるようになると、「せめて高校までは……」の意識がどの階層にも浸透する。いきおい、自宅通学困難生の高校選択が浮上することになる。

　一方、少子化による生徒減少に悩む高校と高校所在地域にとって、自宅通学困難地域などから留学生が来ることになれば、高校にとっても地域にとってもともにメリットになる。只見町および只見高校の場合、只見線の全線開通時に新潟県まで生徒募集の足を伸ばした経験は貴重である。この経験を、県内の自宅通学不可能地域に応用することが考えられる。こうした時期に、平成14年度から福島県は特例的に一定の条件を満たす高校については１学級35人編成を認める方針を打ち出した。これにあわせるように、町教育委員会と只見高校は相互に協力し合って「只見町山村教育留学制度」を発足させたのである。

　先ず、平成13年に「只見町山村留学制度」が検討される。並行して「只見高校振興対策会議」を発足させる。この会議は町長を会長とし、町と学校関係者のほぼすべてを組織化するものであった。主な事業内容は、地区懇談会、通学補助、修学旅行補助、部活動補助、広報活動である。このうち、地区懇談会は、学校訪問のみでなく、町内中学３年生の自宅を戸別訪問し、地元只見高校への進学を勧誘する活動である。通学補助では、列車代の全額補助、バス代の全額又は半額補助を実施している。町単独で予算をつけて実施しているのである。こうした準備を整えて迎えたのが平成14年度である

　この年、只見高校は山村教育留学第一期生５名を迎える。すべて会津若松市内からの入学生であった[13]。寮がないので、事前に協力を約束した民家に「下宿」する型を採用している。では、その後の留学生数の動向はどうであろうか。その推移は次のようになる。先ず、平成15年は１名であった。以下、同16年６名、17年５名、18年９名、19年３名、20年５名、21年９名、22年10名と続く。平成19年以降は確実に増加している。平成23年について筆者が調査時に問い合わせたときの回答では、説明会に20名以上が来町していた。

　2005（平成17）年、町はある私立大学の合宿施設を買い取り、改装し、留学生用の町営寮「奥会津学習センター」を開設した。これにより、留学生はここに宿泊して高校に学ぶことが出来ることになる。

(3)　留学生事業の展開

　では、この事業は現在どのように展開しているか、町が発行したパンフレットから見ていこう。先ず、施設の概要であるが、鉄筋コンクリート３階建て、1,291㎡である。生徒居室（和室10畳・17室）、教職員住宅４室、自習室、学習室、食堂、浴室、ランドリールーム、管理人室などがあり、管理人と教員からの一定の指導を受けながら、自立した生活と学習を続けることが出来るような態勢を基本としている。平成22年度用パンフレットに記された「山村教育留学制度」について以下に紹介しよう[14]。

　「町外から、自立して福島県立只見高等学校入学を希望する生徒を対象に、町立の宿泊施設（奥会津学習センター）を提供する制度で平成14年度から実施しています。福島県只見町にある県立只見高校は、教師と生徒の距離が近く、生徒一人一人に目が行き届く、数少ない学校です。只見町では、町外から生徒を迎えることにより、只見町を第２のふるさととして、生涯を通じて交流が続くことを期待しています。そのため、地域においても留学生を特別視せず、町民の一人として充実した教育活動に専念できる環境を整えています。全国どこからでも応募できますのでぜひ挑戦してみてください。なお、この制度は心の矯正、癒しなどを考えたものではなく、只見町の自然、歴史、人情等の良さを十分認識し、自立できる一般の高校受験生を対象としていますことを申し添えます」。

　分かるように、町は「矯正、癒し」などの特別な目的については対応できないと明記する。これはこの制度が特別支援教育のための制度ではないことを示すものである。地域の生徒や人々と生活・勉学をともに出来る一般生徒の募集であることが一つの特徴である。そこには、「生徒は確保したいが、誰でも良いのではない」という町および高校の哲学・基本姿勢が貫かれている。以下、記された案内を項目別に見ていこう。

　先ず、募集人数は高校生のみ10名以内である。人数を制限したところにも町と高校の基本姿勢が見られる。留学生は只見高校受験生の中から選考し、留学期間は原則的に３年間である。

　留学生として採用されるには只見高校の入学試験に合格し、さらに町が行う山村教育留学生選考委員会が実施する試験（書類審査）に合格しなければならない。

表- 5　卒業直後の進路状況

年度（平成）	13	14	15	16	17	18	19	20	21
1）国公立大学	2	2	0	3	3	3	5	5	3
2）私立大学	8	7	8	9	2	5	8	5	8
3）短期大学	3	6	4	2	2	3	2	6	2
4）専修学校	20	25	15	23	19	12	18	18	21
5）就職（民間）	11	13	10	17	16	13	10	19	9
6）就職（公務員）	1	2	2	1	1	2	4	3	3
7）その他	0	0	0	3	0	0	1	0	0
8）合計	45	55	42	55	43	38	49	56	46

出典：只見高校所在資料により筆者作成。

　なお、費用は室使用料と食事（1日3食）代など合わせて月額35,400円である。なお、学校の長期休業期間は帰省することを原則とするが、希望で残る場合（勉学・部活など）は許可される。ただし、盆休みと正月休みはセンターを利用することが出来ない。

　平成22年度入学生において、募集定員いっぱいの10名が入寮しているが、数年前から、勉学希望者が多くなっている。その結果であろうか、只見高等学校は近年連続して福島大学・山形大学・会津大学など国公立大学を含む四年制大学への進学実績を上げ、また、就職希望生の場合も、ほぼ100％、正規就職を実現している。表-5に関連資料を示そう。

　では、山村教育留学制度による諸事業は、生徒数確保という只見高校の当面の課題、さらには高校教育改革の試行に、どのような役割を果たすことが出来るであろうか。制度運用の成果を「実証」するまでの時間がまだ経過していないので、本稿では諸種の視点からその可能性を探ることとしたい。

5．留学生事業による高校改革試行の可能性

（1）生徒数の確保と生徒の変容

　生徒数の確保を視点にした場合、留学生募集定員はわずか10名であり、生徒数確保のための効果は期待できないと思われるかも知れない。だが、議論すべき内容はその先にある。留学生を迎えてからの只見高校は、「希望する進路達成率100％」を暗黙にも掲げているのである。留学生は、数こそ少ないが、地元の生

表-6　只見高等学校の教育課程（2008年度）

学年＼科目	国語	地公	数学	理科	保体	音楽	英語	家庭	選択	総合	HR
1年	4	2	5	3	4	2	6	2	0	1	1
2年	4	4	4	2	3	0	4	2	6	1	1
3年	4	3	4	3	3	0	3	0	7	1	1

出典：只見高校案内パンフレットより筆者作成。

徒に多大な価値ある刺激をもたらすのである。また、地元以外からの募集にも努力する姿は、地元中学校卒業生とその保護者に対して、町教育委員会や高校のスタンスへの敬愛ないし賛同も招く。「生徒数の確保」は、何らの哲学も方針も無しに行うものではなく、「我が町、わが高校はこんな生徒を求めている」という明確なスタンスの下で行ってこそ真の教育に繋がるものであろう。その意味で、只見町と只見高校は教育の理念を貫く基本的姿勢をもっている。大衆化したとは言え、教育には相応の理念が必要である。理念があってこその生徒の望ましい方向への変容が可能なのである。

(2) 教育課程の改革

　生徒が熟慮して自分の人生を自分の意思によって生きようとし、そのための自己探求を始めるとき、生徒にとって特に重要になるものの一つが教育課程である。教育課程は、生徒の希望する進路と学校・教員がもつ力量との出会いと相互作用において具体化される。また、具体化した教育課程は、それを学校・教員と生徒の双方が合意するとき、遺憾なくその機能を発揮することになる。このように前提した場合、只見高校の教育課程にはどんな特色があり、どんな教育的可能性が期待できるであろうか。表-6は教育課程の概要を示したものである。

　特色は「選択科目」を2〜3年次にかなり多めに履修することが出来る点である。選択科目は、国語表現Ⅰ、現代社会、数学B、物理Ⅰ又は生物Ⅰ、リーディング、家庭課題研究（以上2年生）、国語表現Ⅱ、数学Ⅲ、ライティング、日本史B、政治経済、リーディング、フードデザイン（以上3年生）にわたる。選択科目を増加することによって、生徒の進路希望を出来る限り叶えさせたいとする学校の姿勢を打ち出している。

(3) 進学・就職上の実績

　卒業直後の進路実績については既に表-3に示したとおりである。ここから分かるのは、只見高校が進学にも就職にもともに実績を残し続けていることである。高校卒業後の進路実績に関して、巷には「難関大学」「国公立大学」「四年制大学」への進学率のみを指標にした評価が漂っている。そのせいか、本来、行政機関として「真の意味で権威をもつべき」教育行政にも巷の指標を基に学校を評価する向きが伺われる。ひるがえって、生徒一人ひとりの「自己実現」と生徒が成人し加齢する過程で果たす「社会貢献」を冷静に見つめれば、巷の評価基準に即してそれらが達成されているわけではないことに気づく。少し遡るがNHKの人気番組「プロジェクトX」に登場した人たちの相当数は「難関大学」どころか、大学や短大などと縁のない人達であった。進路上の実績で問われる評価は、生徒各人の「自己実現」と「社会貢献」が、文字通り本人自身の意思によって自己決定され、「充実したライフコースを形成しようとしているか」にこそポイントを置いて行われるべきものであろう。

　この点から見て、只見高校の進路指導の実績は、進学を目指す生徒にも就職を目指す生徒にも、相当程度の充実感を伴う指導を背景に積みあげられていると考えて良いであろう。

(4) 展望

　以上、只見高校の現状を、山村教育留学生事業に焦点を当てて探った。では、これまでの検討から見て、そこにどんな展望が予想できるであろうか。地域の動き、学校や教員、生徒の動向を基に、本稿の課題にそって検討してみよう。

　第一は、過疎・少子化する只見町において、「山村教育留学制度」を導入したことについてである。この制度は、本文で触れたように2001（平成13）年から約1年をかけて検討した結果、採用した制度である。検討に当たって、町がもつ公的諸機関や町に所在する公的諸団体の参加をもって会議を起こしている。この点で、対策の決定過程は順当な過程であった。

　では、「手段・方法」についてはどうであろうか。生徒数の確保について、町は地元の中学校にも勿論相当の声かけをし、只見高校を選択した場合の経済的メリットなどについても具体的に打ち出している。それでも、なお、2学級募集に対応することが出来ない少子化の進行があるのである。勢い、自宅通学困難地域

他、全国に呼びかける方法を選択しているのである。現在のところ、これも比較的順調に展開している。また、地元のアイデンティティーを壊わさないように、今のところ募集上限を10名とする点も重要なポイントである。各学年ともフルになった場合、30名の地元外生徒が留学生として迎えられることになる。これら生徒達の地元への定着と学習習慣作り、生活リズム作りをきちんと行い、責任を持って進路保障するには募集人数をある程度制限しなければならない。各学年10名という定員は堅実な数値かもしれない。

それは、展望としては次の2つのことに繋げる必要があろう。一つは、地元出身生徒を出来るだけ全員入学させることである。地域の高校であるという基本線が揺らがないためにもこれは必要である。もう一つは、それにあわせて、留学生数を若干増加する方途である。その場合、施設面で課題が生ずることもある。実績を加味しながらの意思決定が必要である。

次に、本稿の冒頭にあげた第二の課題についてはどうか。町内関係社会資源の連携については、「学習センター」設置以前から、理解ある家庭で留学生を迎え入れた実績がある。そこには、只見川電源開発期に他所から多数の関係者を招いた経験が今も脈打っているであろう。他所者を「排除」するのでなく「受容」する眼差しとそれを実行する社会的技術の伝承である。これは、高校教育のみでなく、幼児期から高齢期までの全住民の生涯学習にも関わる課題であろう。

第3節　中高一貫制を試行する——秋田県矢島高等学校の事例

1.　本事例を記述する意図

巨視的に見ると、日本の教育には、今日二つの視点から課題が生まれている。第一は少子化に伴う学校規模の縮小、それに伴う統廃合の進行が、就学前教育から高等教育までの学校教育全期間に進行していることである。第二は家族・血縁や地域・地縁関係の後退から若年期の発達環境が変化し、成人に到るまでの旧時の発達過程が必ずしも一般的とはいえなくなっていることである。前者からは、学校規模や規模に応じた教育方法、さらには教育行政の新たな理念などが課題になる。後者からは、家庭や地域と学校との新たな連携・協力態勢をどのように形成するかが課題になる。これら両課題に関して、教育研究はまだ緒についてさえ

いないと言うも過言でない。個別の教育行政や学校現場が種々の試行錯誤を試みているところである。

　では、これら重要な課題を前に、どんなことがらが教育行政や学校現場で試行錯誤されているか。本節は、前に記した第一の視点から、少子化する地域の学校を存続させようと、中学校・高等学校の連携を試行する事例を、秋田県立矢島高等学校・由利本荘市立矢島中学校の連携事例に探るものである[15]。検討する課題は次の通りである。

　１）県全体の高校教育改革の動態における「中・高連携」の意味及び意義について。
　２）地域住民とりわけ高校に深く関わった関係者が本校存続に寄せる思いと価値意識について。
　３）中・高連携の必要性を一般住民が認識する過程について。
　４）中・高連携の現状と今後の課題

２．秋田県における高校改革の動向

(1) 計画の理念に見られる特徴

　秋田県教育委員会が現在進めている高校教育改革は「第六次整備計画」に沿うものである。第五次整備計画（2005・平成18年度～2010・平成22年度）と同様、前途５カ年を見通した計画である。第五次計画にも、少子化に伴う学校規模の縮小化やそれに伴う学校統廃合問題が色濃く打ち出されていたが、第六次計画は更にそれを濃厚にする。もちろん、青年期を生きる生徒の発達、とりわけ職業や対人的・集団的諸活動の出来る状態への発達を支える方途に関する事項が多いが、少子化対応事項についても相当数のページを割いている[16]。

　少子化対応事項は、大別して二つの地域的特徴を示す内容になる。一つは秋田市・横手市・能代市など、一定の人口を集積する「都市部」の学校統廃合に関わる事項である。複数設置されている普通科高校を一つにまとめる案や、複数の専門高校をまとめて総合制高校にする案などである。これらの案にも、少子化の波が影響していることは了解できるが、そこに学ぶ生徒から見た場合、通常の通学手段で常識的通学時間内に通える高校が無くなるわけではなく、直接的に学習条

件が困難になることはほとんど無い。

　もう一つは、県域に広く散在する中山間地域など、人口のまばらな地域の学校統廃合問題である。ここでは、高校が無くなった場合、都市部までの常識的範囲を超えた遠距離通学や、親戚・寮・下宿などに宿泊することが余儀なくされる。高校統廃合問題が立ち現れるとき、特に中山間地域の住民にそれが大きな問題として意識されるのは、こうした、学習の場の保障（学習権の保障）が潜在的に漂うからである。

　では、中山間地域に付随するこの問題について、秋田県は第六次計画のなかでどのように対応しようとしているか。

　計画の冒頭の記述から、県は、課題を解決するための方途を三つの側面から把握している。第一は「計画案を県民に広く公開してパブリックコメントを実施」したことである。第二は「生徒の社会的自立」を基本にした点である。第三は、「時代の変化に柔軟に対応した学校づくり」を目指した点である。以上の3側面から、目標に掲げたのは「教育立県あきた」である。では、こうした課題解決に向けて、中山間地域の高校存続問題に対してはどんな具体策が盛り込まれているであろうか。

　冒頭に続く「基本的な考え方」に、この問題に関わる記述がある。先ず、「計画策定の趣旨」において、「……本県の基幹産業である農林業をはじめとした地域産業の発展を支えるなど、地域の活性化に寄与する人材を育成する新たな計画を策定する必要がある」17) と記すことである。人材を大都市に送り出すだけでは地元の過疎化や経済的陥没をくい止めることが出来ないと言う認識が教育界に浸透していることが偲ばれる文言である。次に、「計画の基本理念」において「……人は地域社会の中で育つものであり、人材育成も地域の特性を踏まえて進めなければならない」18) と記す点である。これらの文言には、単に「数あわせ」だけの改革ではなく、「秋田の未来を見据えた改革を」という認識が横たわっている。これらを踏まえ、「計画の体系図」に、「地域の教育力を活用した学校間連携と地域社会との連携の強化」「特色ある中高一貫教育の推進」などがとり上げられることになる。

(2) 生徒の社会的自立を目指した教育活動の推進に関する改革

　第六次計画は、生徒の社会的自立をめざして、1) キャリア教育の充実と学力

向上に向けた取り組みの推進、2）国際社会を力強く生きぬく教育の推進、3）地域の教育力を活用した学校間連携と地域社会との連携の強化、4）各教科等の重点的な取り組み、の四本柱を掲げる。本稿の課題に即した場合、1）のキャリア教育の充実に関する改善方策として、「学校が小・中学校と連携し、企業や行政と一体となって取り組む独自のシステムの構築」が例示されるほか、3）の学校間連携に関しては次のような課題認識と改善策を打ち出している。

　現状と課題については、「中学校との接続を重視する観点から、引き続き高校入試の在り方を検討していく必要がある。また、中学校と高校の教員の相互理解を深め、生徒の学力向上等を図るため、情報交換を行うなどの効果的な取り組みが求められている」[19]　と認識している。この認識に立って打ち出すのが次の改善策である。

　① 高校入学者選抜制度等の在り方についての継続的な検討。
　② 小学校・中学校・特別支援学校を含む学校間連携の更なる推進。
　③「大学コンソーシアムあきた」との連携や大学施設の活用。

(3) 時代の変化に柔軟に対応できる学校づくりに関する改革

　第六次計画はさらに時代の変化に柔軟に対応できる学校づくりとして、1）全日制課程における学校規模の適正化と望ましい配置の実現、2）特色ある中高一貫教育の推進、3）社会の変化や生徒のニーズに柔軟に対応するための各学科の在り方、4）定時制課程・通信制課程の改善方策、の四本柱を掲げる。このうち本節の課題に関係する1）学校規模の適正化については次のような課題認識と改善策が謳われる。

　先ず、「平成22年度には1学年3学級以下の小規模校が公立高校では22校になっている。また、慢性的な定員割れが解消できない地域や学校が生じている。……さらなる中学校卒業者の減少に対応した学級減の計画を策定していく必要がある」[20]　という認識のもと、次の改善策を打ち立てる。①学級減等計画の策定について。……学校の特色や適正規模、適正配置に配慮するほか、普通科、専門学科、総合学科の割合及びその地域バランスを考慮して、1学級の定員を35人に引き下げるなど、できるだけ緩やかな計画を策定する。②3学級規模以下の学校について。……地域の実情等を考慮した上で、1学年2学級規模で存続させる場合

もあるが、生徒数の減少が続き、増加が見込まれない場合には、分校（キャンパス）化や募集停止、統合等を検討する。

　記述から解るのは、35人学級や、1学年2学級でも独立校として維持する場合があること、さらに、分校として維持する場合があることなど、中山間地域の少子化に対してはかなり柔軟な対応を試みることである。現在進行する県内の高校統合計画は都市部の高校に集中している。もちろん、募集停止措置が無いわけではなく、「小規模校について」の見だしのもとに、「1学年2学級規模で存続している学校において、入学者数が募集人員の3分の2以下の状態が2年間続いた場合、学校や地域の実情を考慮した上で、分校（キャンパス）化や統合、募集停止等を検討する」と、募集停止（事実上の廃止）に関する具体的な条件を提示している。

　では、矢島高等学校の場合、学校存続策はどのように議論され、実行されているであろうか。

3．矢島高等学校の沿革

(1) 地域の概要

　矢島高校は、秋田県由利本荘市矢島町に所在する。地域は2005（平成17）年3月に本荘市と合併するまで、由利郡矢島町および鳥海町を構成していた。地勢的には丁岳山地の北側に広がる丘陵地と谷・沢を成し、南西方向に鳥海山がそびえる。

　産業は古くから農業を中心にしてきたが、旧鳥海町域では酪農も盛んである。また、1990年頃から電気製品製造工場、縫製工場、金属工場などを誘致し、第二次産業の振興も見られる。工場誘致により出稼ぎ人口には一定の歯止めがかかったが、人口流出現象は止まらないまま今日に至っている。旧矢島町の教育委員会発行『小学校社会科副読本わたしたちの矢島町』によれば、矢島町域の人口は、8,523人（1970・昭和45年）、7,627人（1980・同55年）、7143人（1990・平成2年）、6,741人（1995・同7年）と減少の一途を辿った[21]。2009（平成21）年6月現在は5,623人である。

(2) 地域の教育風土

　矢島の中心部は旧時、生駒氏の城下町であった。周辺の村落一帯を含め、昭和初期まで、方々に熟風の夜学が点在していた。高校に比較的近い位置に教育委員会が所在するが、そこはかつての藩校「日新館」の跡地である。こうした教育風土もあってか、『由利教育百年史』の記述によれば、1926（大正15）年４月、地域の要望により矢島町立農業専修科が設置された。この学校は、主に男子を対象とし、小学校高等科２年卒業を入学資格とする二年制の乙種実業学校程度の学校であった。また、女子には同じ学校を裁縫専修科と称して開放していた。翌昭和２年に独立校舎が落成し、名実ともに地域の後期中等教育の府となる。昭和３年に第１回卒業生（男子17名、女子５名）を輩出する。「男子にあっては、矢島町を中心とする隣接町村の中堅農業指導者の養成を目指し、女子にあっては、良き家庭婦人の育成を目的として設立された……」[22] のである。

　昭和23年３月、この専修学校は制度上廃止される。昭和22年度入学生は、同24年３月に専修科最後（第22回）の卒業生になる。また、同23年からは新制高校の１年生として入学生が集まることになる。この間の専修科卒業生は723名に達する。

(3) 矢島高等学校の設置とその変遷

　専修科の廃止から３ヶ月、1948（昭和23）年６月、専修科校舎を引き継いで県立矢島高等学校（定時制課程）が設置された。26年には鳥海町に笹子分室と川内分室（ともに定時制）が設置される。また、27年には全日制課程を設置し、普通科、農業科、家庭科を設ける。同34年には酪農科も設置する[23]。

　分校については、笹子分室が１ヶ月後に定時制分校になり、昭和50年に全日制に移行したが、平成11年３月をもって閉校となる。また、川内分室は設置約２年後の昭和28年に定時制分校に移行し、48年３月、定時制のまま閉校となる。

　矢島高校本校は、昭和53年３月に定時制課程を廃止し、その後、57年３月に家庭科募集停止、62年には農業経営科募集停止になる。他方、普通科は62年度から４学級募集へと増募したが、まもなく少子化の波を受けて３学級募集、２学級募集に移行して今日に至る。

（4）生徒数の推移

表-7に示す卒業生数から生徒数を推測しよう。「団塊の世代」が学んだ時期、その後まもなく達成する「高校進学率95％以上水準の持続」による生徒数の維持を経て、1980年代から顕著な生徒減少を経験する。1990年代に第二ベビーブーム期の生徒が入学して生徒数は一時的に盛り返すが、その後は減少の一途を辿ることが読みとれる。平成23年3月卒業を含めて、卒業生総数は、9,159名である。61回で割った場合、年当たり卒業生は平均でおよそ150名である。

4．中・高連携の必要性を認識した背景

（1）小規模化の進行

地域において、矢島高校と矢島中学校との連携の必要性を自覚的な住民や教育関係者に惹起させたのは何であろうか。聞き取り調査から推測できるのは、①高校の小規模化が進み、このままでは分校化、廃止の途に就かざるを得なくなるのではないかという懸念、②高校の設置からも解るような地域に蓄えられている一定の教育熱、③県の高校改革指針に記された、中山間地域の高校の存続に関する施策、の三つが関わっていることである。

高校の規模については、前に示した表のように、第二次ベビーブーム期の入学生が卒業した後、矢島高校の生徒減少傾向は一貫して続く。近時までは1学年3学級編成を維持してきたのであるが、最近数年間は2学級の維持がやっとの状態である。そこでは、教育行政の対応と保護者の対応が緊迫した状況にもなりがちである。教育行政側からは、生徒一人ひとりに与える教育効果と、教育財政的視点から見た教育効果の問題が問われてくる。保護者側からは、わが子の学習環境としての小規模化の問題と、廃止された場合の遠距離通学問題が問われることになる。こうした問題を共に解決・緩和する具体案の必要性が発生するのである。緊迫状況を緩和するには、解決のための具体策を案出する以外にない。

（2）地域の教育風土

他方、既に自分の子どもは高校を卒業したが……というひと達など一般の住民の中に、矢島高校に地域の担い手育成など地域と何らかの繋がりを持たせたいとする熱い思いを持つ人々がいることも確かである。新制高校発足前に専修科（2

表-7　年次別卒業生数

卒業年次	卒業生数	卒業年次	卒業生数	卒業年次	卒業生数	卒業年次	卒業生数
昭和26	21	昭和42	226	昭和58	176	平成11	124
27	47	43	294	59	139	12	101
28	79	44	307	60	118	13	97
29	90	45	267	61	143	14	102
30	127	46	265	62	107	15	108
31	116	47	262	63	110	16	101
32	118	48	237	平成 1	111	17	103
33	115	49	230	2	146	18	96
34	115	50	235	3	145	19	89
35	148	51	239	4	144	20	76
36	139	52	225	5	145	21	89
37	182	53	271	6	143	22	90
38	149	54	205	7	138	23	65
39	104	55	194	8	119		
40	207	56	195	9	116		
41	224	57	165	10	120		

年制）を町独自で発足させた実績を持つ地域である。その卒業生も700名を越えている。また、隣接する鳥海町などには酪農後継者を地元の高校で育成したいという要望も潜在する。こうした地域の実情を受け止めたのが、合併前の佐藤町長である。

　佐藤は、地元に高校を存続させるいろいろな案を関係住民と検討する。酪農が盛んであった頃は、一時、酪農科を置いたこともある矢島高校である。市町村合併は、旧矢島町域のいろいろな社会的結節機関を消滅させる。この消滅過程に高校だけは断じて乗らない方策を打ち出さなければならない。そこで検討したのが、中学校との連携方式である。中学校、高校共に校舎は古く傷んでいた。新築を機に、名実ともに「連携」可能な校舎にする案が浮上する。

（3）県の高校教育改革指針

　こうした案を地元の識者に浮上させるにはそれなりの理由があった。秋田県は、生徒数合わせだけの高校改革ではなく、地域の実情に応じた改革案も採用する場合があることを明示している。第六次計画においてもなおこの点が生きていることは既に記した通りである。少子化が進行する過程において、地域社会が強く望

○委員長　　　矢島高等学校長　　矢島中学校長
○副委員長　　矢島高等学校教頭　　矢島中学校教頭　　矢島高等学校事務長
○推進委員　　・高校：総務主任、教務主任、生徒指導主事、進路指導主事、特別活動主任
　　　　　　　・中学校：教務主任、研修主任、生徒指導主事、特別活動主任、部活動主任
○組織図

図-3　中高連携推進委員会

んだのは、社会的結節機関、従ってまた社会関係資本の一つとしても数え上げ得る高等学校の存続である。しかし、旧来のような形態では存続ができない。そこで案出したのが、中高連携・一貫などの新たな試みである。場合によっては小学校からの連携・一貫も検討することができるかも知れない。

　矢島高校の場合、2000（平成12）年〜2001年の2年間、文部科学省の研究指定を受け、中高一貫教育に関する研究を行った。成果と課題や問題点を整理・展開しながら、平成21年度から23年度まで、今度は中高連携に関する研究と実践の体制を敷くことになったのである。校舎も、職員室も共用する連携型校舎が落成したのは平成21年3月である。

5．中・高連携の内容

(1) 中・高連携組織

　学校教育は、指導者としての教師の人数や資質に大きく影響される側面を持つ。少子化による学校規模の縮小は、この点から見ると、教師数の削減という点でマイナス要素を帯びることになる。そこで考案されたのが、中・高連携によるマイナス要素の克服である。とは言え、学校教育法上、異なる段階の学校であり、かつ、県立学校と公立学校という相違もある両校である。連携するには一定の基礎的組織が必要になる。

　連携を組織的に進めようとする背景には、第五次高校総合整備計画後期計画（平成17年7月）による矢島中高連携校開設に向けた取り組みがあった。これを

（中学校→高校）・１年……数学Ⅰ（３）Ｔ・Ｔ　（高校→中学校）・１年……国語（４）
　　　　　　　　・２、３年……保体（６）　　　　　　　　　・３年……数学（４）Ｔ・Ｔ
　　　　　　　　・全学年……美術（10）　　　　　　　　　・全学年……音楽（５～６）
　　　　　　　　・１年……OCI（４）Ｔ・Ｔ　　　　　　　　・全学年……家庭（88）
　　　　　　　　　　　　　　　　　　　　　　　　　　　　・２年……英語（３）Ｔ・Ｔ

（　）は時間数

図-4　平成22年度中・高教員交流状況

受ける形で、同18年度に「矢島中高連絡委員会」が、同19年度に「矢島中高連携推進委員会」が設置される。連携校が開校した同21年度以降も、この「連携推進委員会」が継続機能している。21年度と22年度は、年度当初に委員会を開催。それ以後は必要に応じて各部門別の打ち合わせが行われる形に移行している。委員会の構成と組織は図-3の通りである[24]。

(2) 校舎や教室配置などハード面の連携

　ハード面で特徴的なのは、中高間で校舎が分離していないことである。連携型の教育組織は全国的にもはや珍しくない。しかし、県と市という設置主体の相違を越えて同じ校舎に中・高・両生徒が共に学び合うスタイルの学校は少ないであろう。同一校舎であるから、生徒同士の交流は自由自在である。見方を変えれば「６年制中等学校」が実現したともいえる。

　同時に、それは、施設・設備の節約を目的に採られた措置ではない。体育館、グランド、家庭科室、理科室、など特別教室相当スペースは中学校用と高校用をそれぞれ具備している。逆に、職員室は中央部分に軽い区分けがあるのを感知する程度で、同じ部屋を使用する。

(3) 教科指導などソフト面の連携

　教科指導に関しては教員の交流を実施している。例えば数学の場合、中学校数学教師が高校１年生に３時間、チーム・ティーチャー（TT）として指導し、高校数学教師が中学３年生に４時間、TTとして指導している。平成22年度の実績をまとめれば図-4のようになる[25]。

　交流する場合、教師側は相手校の段階の教科について教材研究しなければならない。この点で負担が伴うところであるが、逆に、青年期の教科指導について、

表-8　入学生のうち地元中学校卒業生が占める比率

（単位：人、（%））

入学年度	矢島中・鳥海中	その他の中学校
平成20年	27 （35.5）	49 （64.5）
21年	37 （46.3）	43 （53.9）
22年	45 （54.9）	37 （45.1）
23年	38 （47.5）	42 （52.5）

前後を見通した生徒の理解度や教材の構成、教育の連続性などについて学習を深める機会にもなる。

　もう一つ記すべきことは、合同教員研修会の実施である。中高間で相互に授業を観察し合い、相互に評価・反省し合う機会を設定しているのである。

(4) 生徒間及び地域社会との交流

　生徒が相互に交流する実態として平成23年現在数え上げられるのは、①学校行事の合同開催、②地域行事へのボランティア参加、③部活動の合同練習、④資格取得検定試験の同時開催などである。

　①については、例えば、鳥海山登山や合同避難訓練などがある。②については、除雪作業・雛街道巡り・敬老会・駅前花壇の手入れ・鳥海高原サイクルロードレース大会・鳥海高原マラソン大会などの地域行事に中高生が共にボランティアとして参加する場合に、地域の成人を介した交流が深められている。

　学校と地域との連携には、①地域講師の招聘、②広報誌の地域全戸配布などがある。また、生徒が地域行事などにボランティアとして参加することについては述べた通りである。

6．連携の効果と展望

(1) 地域の中学校からの入学者数

　矢島高校に視点を据えると、地元の中学校に当たるのは、直接連携する矢島中学校と、鳥海中学校の2校である。では、この2校が入学生に占める比率は近時どのように推移しているか表-8に示そう[26]。

　中・高連携を打ち出し、実施を開始した平成21年度以降、全体的動向として地

元生徒の入学率が上向いていることが読みとれるところである。今のところはこの数値が今後どう変化するかを見守るところである。

(2) 卒業時の進路

　中・高連携の目標は、単に小規模化する地域の高校存続というだけでなく、連携による青年期の自己確立と社会的対応能力を一貫して育成することにもある。この点から見ると、生徒が卒業時点までに「ぶれ」の少ない進路選択をすることも、連携の効果を探る指標になる。連携が始まってまだ日が浅いので総括的なことは記せないが、連携実施2年経過時点の卒業生の進路を見てみよう。総数65名のうち訳は以下の通りである。

　・進学22名（大学　2、短大　4、専門学校　16）……33.8%
　・就職43名（県内　31、県外　5、自衛官　7）………66.2%

　比較する資料はまだないが、聞き取り結果によれば、進学が以前より増加傾向にあり、県内就職率が微増しているという。県内就職を重視する点は、県教育行政の見解にも示されており、近未来の地域社会の担い手形成の意味で、連携効果としてカウントできるであろう。
　では、こうした効果を垣間見ながら、将来的にはどんな問題や課題がたち現れて来ようか。以下は、筆者による若干の予測を記すところである。

(3) 自己実現・社会貢献とライフコースの形成

　中・高連携方式の教育には、およそ13歳から18歳までの青年期の生徒を学校間連携システムにおいて教育することによって、地域課題（社会）認識と自己認識を統合しようとする大きな意義がある。この点から、青年期のライフコース形成を見つめてみよう。
　高度経済成長期以前、日本の青年の多くは15歳で各種労働に従事していた。そこでは経済的自立のほかは自己実現を思索・追求する余裕があまりなかった。就業した仕事の世界（業界）で出会う先輩や雇用主などの姿が将来の自己像モデルであった。
　1960年代後半以降の高度経済成長、続く安定経済成長期を通して、多くの国民が青年期を学校で過ごす状況が生まれる。学卒労働市場が安定・固定化し、学歴

相応の給与体系が一般化する。そこでは、学歴、とりわけ「銘柄学歴」の獲得が就職条件を有利にする有効な条件と考えられていた。修学期間の延長、学歴向上は勿論望ましい社会事象である。しかし、その実態が「机上の空論」はもとより「出席不学」さらに「在籍不出席」になれば学歴向上は学力向上と一致しなくなる。1970年代以降、日本の中・高等教育機関には、学校間による違いはあるが、こうした傾向が現れてきた。確かな学習をしなくても経済成長の波に乗って就職もできた。

　しかし、1990年代以降、いわゆるバブル経済の崩壊、グローバル化、市場原理の鮮明化、生産ラインの海外移動などがかつてなく急速に進行し、「若者の貧困化」が社会問題になる。収入のある親元に同居する若者、ニートの増加、引き籠もりなど、旧時とは異なる若者問題が生まれている。こうした状況をどのように改善するか、青年期教育の大きな課題である。

　矢島の中・高連携教育は、こうした今日の若者が置かれた社会的状況を加味して計画された斬新な試みである。6年間をかけて十分な社会認識と自己認識を試みる生徒の創出が期待されるところである。十全な意味に於ける社会認識と自己認識が生徒一人ひとりにおいて行われた場合、そこに創出されるのが、自己実現と社会貢献を統合しながらライフコース（進路・人生行路）を主体的に形成しようとする新たな若者であるに違いない。

第4節　教育課程の改善を試行する——島根県矢上高等学校の事例

1.　本事例を記述する意図

　中山間地域に所在する高校は、過疎化・少子化の進行過程で小規模化を余儀なくしている。それは、学級編成や教員定数に直接影響し、教育の経済効果から見て、学校存続の可否にも影響する。この状況は、単に高校教育問題のみに終わらず、地域社会の後継者養成問題や地域経済再興問題等にも玉突き現象のように波及する。小規模な高校ではあっても、中山間地域において、その存続の可否は当該地域社会存続の可否と連動する一面を持つのである。

　こうした状況の下、中山間地域では、さらなる小規模化をくい止め、高校の存続を目標に様々な対策を模索している。現在各地域に見られる主な対策は、①地

元中学生の地元高校入学率を高める対策、②他所の中学出身者を地元高校に招く対策、の２つである。これらを実現するには、地元生が地元に残り、さらに、他所の生徒も入学を希望するような「魅力」ある高校作りが必要になる。「魅力」の内容をどう定めるか、その実現のためにどんな具体策を講ずるかが、高校及び高校が所在する中山間地域に問われることになる。教育は、巨視的に見れば制度や組織による営みであり、微視的に見れば運営や指導などの活動である。両者を繋ぐ機能を果たすのが教育課程である。教育課程は、法令や慣例を遵守しながら、児童・生徒の発達を目指し、児童・生徒側の条件、教師側の条件、学校が所在する地域社会の条件など、教育現場の実状を配慮して編成される。

　本節は、こうした課題に挑む高校の事例として、島根県立矢上高校の場合を事例に、次の点を検討・解明しようとするものである。

　　１）矢上高校の場合、「魅力」の内容を「きめ細かな個別指導を目指す教育課程」としているが、「魅力」の内容をこのように設定した背景は何か。
　　２）教育課程の改善・工夫とその実施に際して、学校内外の協力・連携をどう勧めているか。
　　３）教育課程の改善・工夫の成果はどのように現れているか。

２．島根県矢上高校の沿革

（１）地域の概況と旧制中等学校創設経緯

　矢上高校が所在する島根県邑南町は、県中央部に広島県と接して位置する。町域は邑智郡南部にあたり、明治４年の島根県設置時点に37の地域（藩政村）を構成していた。明治22年の市制町村制施行時に12の町村となる。昭和30年前後の町村合併により、矢上町を含む５町村で石見町を構成。平成16（2004）年、石見町、瑞穂町、羽須美村の３町村合併により、邑南町として今日に至る。

　旧来、地域の産業は農業とたたら製鉄を中心に展開していた。ここに、義務制教育の上に位置する中等教育が開始したのは明治24（1891）年、地元の篤志家松川林一郎による私立矢上高等小学校であった。これは開講１年後に閉校となるが、代わって、明治25年10月に矢上を含む３か村組合立高等小学校が設置された。同40年、ここに実業補習科が併設される。大正２（1913）年、高等小学校を閉校し

組合を解散。大正 3 年、矢上村立実業補習学校を設置する。昭和10（1935）年青年学校に改組するが、同21年、青年学校令廃止により廃止となる[27]。

　多くの農村の場合、青年学校廃止は、学校への軍事訓練排除の意味を持つと同時に、軍事と直接的には無関係に行われていた青年期の中等教育も農村地域から消滅する意味を帯びていた。この危機感は、矢上において、ひときわ大きかった。

(2) 新制県立矢上高校への昇格

　戦後の諸改革が課題になる過程で、矢上の指導層には、青年学校を実業学校令による乙種実業学校に制度上切り替える必要があると認識されていた。多くの青年学校が小学校に「間借り」する状態であった当時、矢上青年学校は昭和17年から独立校舎を持ち、教育も正規中等学校に準ずる内容であったという。県との折衝は難航したが、昭和21年 3 月31日、通年制乙種実業学校として、青年農芸学校（男子）と青年家政女学校（女子）が認可される。翌22年 3 月31日に矢上村立実業学校として再発足し、農林科と家政科を置いた。学制改革に伴い、翌23年 4 月 1 日、この学校を県立移管し、矢上高校に昇格する[28]。

　昇格に際しては、地元と県との種々の確執があった。最終的に、新制高校として認可するに足る状態になるまでの施設・設備を地元が負担することを条件に県移管することで決着。県立高校として33番目、最終順序に記載されることになる。校舎の新設など、地元負担の大きさから見て、地域には相当数の「時期尚早」意見があったが、指導層が全体をリードし、住民大会において決定したのであった。その背景には、矢上に、旧時から産業振興と教育を関係づけて地元に貢献しようとする篤志家が相当数在住したことが関わっているであろう[29]。

(3) 学科等の変遷と生徒の進路状況の推移

　農林科と家政科を置く実業学校を母胎に発足した矢上高校であるが、発足時点に設置したのは普通科である。当時、地域が期待したのは農林・家政関係科目を学べる高校であった。だが、新制高校の設置基準から見て、実業高校にするには高水準の施設・設備を整える必要があった。やむなく、実業学校から引き継いだ施設・設備でパスする「専門の学科以外に実業の課程を置く場合」という設置基準の特例を活用し、必修普通科目以外の科目として「農業」「家庭」科目を相当数開設することによって地域の期待に応えていく。

　以後、施設・設備の補充を進め、昭和25年度に普通科、農林科の２学科を編成する。家庭科関係については農林科の中で選択できる家庭科目を充実させてしのぎ、本格的に制度上家庭科が設置されたのは昭和32年度からである[30]。

　学科の改変はその後生徒の進路選択の課題などと関わって進行する。先ず、昭和53年度入学生から家庭科の募集を停止した。代わって、家庭科目の集中的選択を希望する生徒のために農業科に「農業コース」のほか「生活コース」を設けることでこれに対応。続いて平成５年度入学生から農業科を産業技術科に改組する。

　こうした学科の変遷に対し、では、生徒の卒業時点の進路はどう変化しているであろうか。資料的裏付けが可能な昭和42年度卒生〜平成９年度卒生までの変遷を表-９に見よう。

　表から読みとれる大きな推移は次の２点である。先ず、専修学校への進学率が次第に高まることである。次に、その結果、高卒資格のみで就職する比率が20％台まで低下することである。就職先は、大きな流れとして広島県を中心とする中国地方に絞られてきている。昭和40年代のような、関西、中京圏、首都圏等への就職は激減する。これらの数値から推測できるのは、大都市圏に就職しようとする場合は高等教育を経由する傾向が強まったことである。農林科の産業技術科への改組、家庭科の廃止等が行われた背景が読みとれるところである。

　この流れを受け、現在、高等教育機関への進学を通した全国各地への就職を予測する普通科と、地元ないし地元に隣接する地域に就職を予測する生徒のための産業技術科が各学年２学級と１学級設置される。各科の教育課程には生徒の将来のライフコース設計に役立つことが期待される。個別生徒の希望と条件に応じたきめ細かな教育課程の工夫が必要になるのである。

3．島根県における高校改革の動向

(1) 島根県に於ける近時の県立高校再編計画

　現在進行する島根県高校再編は、平成20年３月に答申された「平成21年度以降の魅力と活力ある県立高校のあり方について」に基づいている。答申の背景には、急速な少子化がある。島根県の場合、中山間地域の小規模高校がいよいよ小規模化する問題も抱えている。さらに、ほぼ全員が高校に進学する状態のもと、進路のミスマッチを避ける必要にも迫られる。

表- 9　卒業時点の進路状況　(単位：人、(%))

卒年度	卒業生総数	大　学	短　大	専修学校	就　職
昭和42年	194 (100.0)	31 (16.0)	16 (8.2)	16 (8.2)	131 (67.6)
43年	166 (100.0)	16 (9.6)	11 (6.6)	10 (6.0)	139 (77.8)
44年	171 (100.0)	20 (11.7)	15 (8.8)	32 (18.7)	104 (60.8)
45年	151 (100.0)	33 (21.9)	22 (14.6)	52 (34.4)	44 (29.1)
46年	165 (100.0)	27 (16.4)	17 (10.3)	36 (21.8)	85 (51.5)
47年	153 (100.0)	29 (19.0)	16 (10.5)	35 (22.9)	73 (47.6)
48年	142 (100.0)	20 (14.1)	23 (16.2)	22 (15.5)	77 (54.2)
49年	167 (100.0)	29 (17.4)	23 (13.8)	38 (22.8)	77 (46.0)
50年	164 (100.0)	32 (19.5)	35 (21.3)	34 (20.7)	63 (38.5)
51年	172 (100.0)	36 (20.9)	17 (9.9)	34 (19.8)	95 (49.4)
52年	135 (100.0)	29 (21.5)	14 (10.4)	33 (24.4)	59 (43.7)
53年	159 (100.0)	25 (15.7)	23 (14.5)	40 (25.2)	71 (44.6)
54年	109 (100.0)	23 (21.1)	16 (14.7)	27 (24.8)	43 (39.4)
62年	111 (100.0)	21 (18.9)	20 (18.0)	31 (27.9)	39 (35.2)
63年	113 (100.0)	23 (20.4)	20 (17.7)	26 (23.0)	44 (38.9)
平成1年	118 (100.0)	17 (14.4)	28 (23.7)	36 (30.5)	37 (41.4)
2年	104 (100.0)	21 (20.2)	21 (20.2)	14 (13.5)	48 (46.1)
3年	118 (100.0)	25 (21.2)	23 (19.5)	26 (22.0)	44 (37.3)
4年	122 (100.0)	22 (18.0)	24 (19.7)	35 (28.7)	41 (33.6)
5年	124 (100.0)	21 (16.9)	20 (16.1)	44 (35.5)	39 (31.5)
6年	125 (100.0)	25 (20.0)	20 (16.0)	41 (32.8)	39 (31.2)
7年	105 (100.0)	27 (25.7)	13 (12.4)	40 (38.1)	25 (23.8)
8年	112 (100.0)	21 (18.8)	17 (15.2)	45 (40.2)	28 (25.8)
9年	110 (100.0)	18 (16.4)	19 (17.3)	45 (40.9)	28 (25.4)

(『矢上高等学校五十年史』記載資料より筆者作成。原資料においては就職と進学を両立させた生徒〈夜間大学進学など〉が重複して数値化されているので、その場合は進学に数えることとした。)

　こうした、少子化、個別ニーズの拡大化、進路選択上のミスマッチ解消などへの対応の下、高校改革は、規模の望ましさ（適正性）、時宜に叶う（魅力ある）学科内容、地域や産業界との連携等、今日的課題を前提に計画・展開するところとなる。

(2) 平成16〜20年度の計画

　島根県における近時の高校再編計画の第一弾は平成11年11月30日に発表した「県立学校再編成基本計画」である。これは平成11年度から同20年度までの計画

を示す内容であったが、高校を取りまく環境の変化が急速に進んだため、平成16年6月に「県立学校後期再編計画」を出さなければならなくなる。例えば、計画では県立高校の適正規模を1学年4〜8学級としたが、計画完成年度の平成20年度以前に半数を超える県立高校が3学級以下になることが分かってくる。適正規模の基準の見直し等が迫られるのである[31]。

「後期再編計画」において県は次の方針を公表する。第一は「学校規模の適正化を通した、魅力と活力ある学校づくり」である。それは、①多様な学習ニーズに対応する科目設定と教員配置、②部活動や学校行事の充実、③集団の中で社会性とたくましさを培う教育環境、の実現を目指す。こうした方針の下、中山間地域における高校再編については次のように記す。

　「……多くの小規模校で大幅な定員割れが常態化しており、……一定の教育水準を維持していくことが、今後ますます困難になっていくことが懸念される。……広域エリアにおいて、望ましい教育環境を提供できる適正規模の高校を配置・確保することを念頭に、再編を進めていく必要がある。……通学の利便性が低下する地域の生徒に対しては、通学手段の確保や寄宿舎の整備等について検討していくこととする。また、中山間地域の実情として、学校が地域やコミュニティーや文化的拠点の一つであったり、生徒等の存在が地域の活力を引き出した場合も多いため、個々の再編成計画を実施する過程にあっては、地元への配慮が必要である」[32]。

　また、中山間地域の高校の場合、1学級当たり生徒数35人も可としている。さらに、高校ごとに平成20年度の予測と再編成内容が記される。平成20年度に予測される矢上高校の姿は学年当たり普通科2学級または普通科1学級と農業科1学級となり、再編成内容として「平成18年度以降、1学級の減が予測される。その際、普通科と産業技術科のあり方を検討し学科再編を行う。学級減となった場合、それ以降は、生徒数の推移や志望状況を見ながら、統廃合基準に従って検討する。地域の特性を生かした教育課程の編成に努める」ことが明記される[33]。

(3) 平成21〜30年度の計画

　平成21年2月に公表された第二弾ともいえる「県立高等学校再編成基本計画」は、平成20年度までの改革を引き継ぎながら次の10年間を見通した再編計画を打

ち立てる性格を持つものである。情勢は予想以上の速度で変化しており、計画は
冒頭部分に次の一文を載せている。

> 「……教育を取りまく環境がめまぐるしく変化する中にあっては、これまで
> のように、高校毎に5年先、10年先の学校像を示すことは困難である。そのた
> め、今回の再編成計画策定に当たっては、答申の趣旨を十分に踏まえ、今後10
> 年間の再編成に関する基本的な考え方を盛り込みつつも、個別具体の計画につ
> いては、今後、実施が具体化した高校について、逐次策定し、公表、実施する
> こととした」[34]。

こうしたスタンスに立ち、今後の高校教育の在り方の基本的な考え方として次
の5点を上げている。①豊かな人間性を育む教育の推進、②将来の地域や産業を
担う人材の育成、③キャリア教育の充実、④社会の変化や生徒の学習ニーズに対
応した教育の推進、⑤教職員の資質向上を図る研修の充実、がそれである。

(4) 県の高校再編計画下における矢上高校のスタンス

県は、小規模化した場合は高校の統廃合があり得ることを示してきた。中山間
地域の高校は、これに抵触しないための努力をするが、矢上高校の場合、どのよ
うに展開したであろうか。

平成23年度、矢上高校は普通科2学級、産業技術科1学級（合計3学級）の募
集を実現している。平成18年度に2学級に減少することが予測されていたが、そ
れは「よい方に外れた」ことになる。そこには、学校や地域社会が連携して進め
た「魅力ある高校」への具体策とその実現に向けた努力があった。では、県の高
校再編成過程において、矢上高校はどんなスタンスに立ってこれに対応したのか。
学校要覧及び関係者からの聞き取り結果を検討しよう[35]。

「平成22年度学校要覧」は冒頭に「学校経営の重点」を明記する。それまでの
「要覧」とは異なる編集である。そこには、近時、実践を試行錯誤しながら累積
した実績に対する自信と誇りが伺われる。地元関係者からも、「今は具体的な実
績を上げている」と言う声が多かった。

では、矢上高校はどんな学校経営をしているのか、要覧に記された冒頭の部分
を転載しよう。

○校訓　・腕に覚えのある人間

　　　　・筋金の通った人間

　　　　・思いやりのある人間

○教育目標

　　（1）教養と人間性豊かな人間を育てる

　　（2）人権を尊重し、主体的に行動する人を育てる

　　（3）誠実で責任感のある人を育てる

　　（4）勤勉で勤労を尊ぶ人を育てる

　　（5）豊かな情操と創造性のある人を育てる

○経営方針　「明るく　楽しく　活気にあふれた学校づくりに努める」

　　（1）生徒一人ひとりが学校生活に喜びと充実感が持てる、教育活動の
　　　　推進に努める。

　　（2）学科の特色を踏まえた魅力ある教育活動の推進に努める。

　　（3）校内研修の充実を図り、教職員の資質向上と協働態勢の確立に努
　　　　める。

　　（4）保護者・地域の信頼に応えうる開かれた教育活動推進に努める。

　　（5）生徒ならびに教職員の健康管理に留意し、快適な教育環境の形成
　　　　に努める。

○学校経営の重点

　　（1）学習指導　「確かな学力の向上」

　　　　（ア）教材研究の深化と教材の精選

　　　　（イ）少人数指導、習熟度別指導、TT 等の学習形態の充実と指導
　　　　　　　の工夫

　　　　（ウ）資格取得に向けた指導体制の強化

　　（2）生徒指導　「豊かな心を養う」

　　　　（ア）基本的生活習慣や規範意識、人権意識を育成する協働体制
　　　　　　　の充実

　　　　（イ）各種関係機関及び過程との緊密な連携

　　　　（ウ）生徒会活動の活性化

　　（3）進路指導　「希望進路の達成」

　　　　（ア）進路に応じた学力向上等進路対策の推進

　（イ）啓発的経験を通した職業観の育成

　（ウ）キャリア教育を通した勤労観の育成

（4）保健安全指導　「体力の向上、健康の保持」

　（ア）個人・集団の健康教育の推進

　（イ）校舎内外の環境美化促進とごみリサイクルの啓発と実践

　（ウ）薬物乱用および喫煙の防止教育、学校内外における安全教育の推進

（5）特別活動指導　「人間性・品性の陶冶」

　（ア）自主的態度を育てるホームルーム活動及び生徒会活動、学校行事の工夫

　（イ）部活動への積極的参加と活性化を図る

　（ウ）ボランティア活動、国際理解教育、環境教育等の推進

（6）教員研修　「専門性の向上」

　（ア）校内研修体制の整備・充実

　（イ）学校の教育的課題解決のための実践的研究

　（ウ）校外各種研究会、研修講座への積極的参加

　立ち入って検討すると、「個の尊重」「工夫」「卒業後の展望」が綿密に裏打ちされていることが読みとれる。では、裏打ちされたこれらの骨格はどのように具体化されていようか。

4．個別指導と教育課程編成の展開

（1）矢上高校における教育課程の変遷

　学校経営を直接牽引する上で最も重要な役割を果たすのは教育課程であろう。教育課程は、教育の制度やシステムと実際の運営や指導とを仲介する役割を果たすように位置づけられた教育実践の一過程と言える。こうした視点に立つと、矢上高校の場合、教育課程の創意工夫は、学校創設時点からの「お家芸」であった。前身校の後を受け、地域には矢上高校に農林科と家庭科を設置したい意向があった。だが、これらを設置するには施設・設備が新制高校設置基準に合致しない。やむなく採った措置が、普通科を設置し、農林科目や家庭科目を集中的に選択出

来る「コース」を創ることであった。普通科という制度・システムに抵触せず、かつ、運営・指導上において地域の要望に応える方法が、「コース」別教育課程の編成である。

　これは、制度やシステムが規定通り運用できる社会的条件を満たすことの出来ない小規模校などが「法令に抵触することなく、かつ、目前の課題に対応する」いわば「裏技」である。矢上高校はこうした裏技をこれまでも度重ねて試みている。都市部のように、「大学進学系」「工業系」「商業系」などと学校毎に「表技（一般的な方法・ルート）」を校門に掲げることが出来ず、大学進学を希望する生徒、工業方面に進みたい生徒、商業系を志望する生徒などが混在し、同じ学校、同じ学級で学ぶのが中山間地域の小規模高校である。生徒や保護者の希望に応えるには、「表技」を超えたどんな「裏技」を開発するかが決め球になるのである。

　こうした現場の課題は「表技」のみでサイクルが回る地域の高校や机上の議論を中心とする教育庁内部には届きにくい面がある。行政指導が「裏技」に「勇み足」がないかどうかの点検に明け暮れする場合もあったが、時には、「裏技」の教育効果に行政指導が賛同した面もあった。通信制、単位制、総合制、地域や企業などにおける活動の単位認定など、振り返れば、こうした「裏技」が「お墨付き」を受けて「表技」に変化したものである。

　では、矢上高校の場合、それはどのような内実として展開していようか。

(2) 現行教育課程の特徴

　筆者が街頭（バス停）で生徒にインタビューしたとき、ある男子生徒は次のように応えた。「鳥取大学△△学部の前期日程に合格しました。中学生の時、僕より成績が上だった生徒と一緒に受験したのですが、彼は合格できませんでした。彼は○○市の○○高校に進学したので、僕よりずっと難しい勉強をしいると思っていましたが、今、その思いは消えて、矢上高校に自信が持てます。」

　この生徒の答えのように、「矢上高校で成績が伸びた」と応える生徒は案外多い。では、教育課程において、どんな特徴のある「裏技」が展開しているのであろうか。

5．教育課程の工夫と教育効果

(1) 個別指導の実際

　個別指導は、一般に一斉指導に対する概念である。人はそれぞれ理解・解釈・実習などにおいて、知的水準や視野、実習速度などに個人差がある。当該集団における個人差を無視して指導できる場合（俗に「粒揃い」）、この意味の個別指導は必要ないであろう。だが、地域の生徒を原則的に全員受け入れる高校の場合、個人差への対応いかんは、学習効果に影響する。

　個別指導には、さらに別の意味がある。知的水準や視野以外に、生徒が設計する将来像に対応する意味である。都市部の高校の場合、これは学校が設置する学科によって入学時点で区分される。だが、小規模校の場合、区分される内容が少なく、「商業科がないので普通科に入ったが商業科目も学びたい」と言うような生徒がいるのである。日本の中等学校は、旧制度時代から、こうした生徒の希望にそれ相当に対応してきた歴史を持つ[36]。

　矢上高校の場合、個別指導はこうした2つの意味を共に課題として認識した上で取り組まれている。今日、普通科は一般に大学や専修学校などへの進学コース化している。しかし、矢上高校の場合、普通科卒業と同時に就職を希望する生徒もかなりいる。また、近時は、特に専修学校において、いわゆる「受験科目」とは異なる入学試験を課す場合も多い。生徒にとって、こうした希望に即した指導は学校選択の「魅力」のひとつである。また、大学に進学する場合も、「難関校」「中堅校」等の言葉が受験生にとって通常の生活世界の言葉になっている。矢上高校の生徒にも「難関校」「中堅校」をめざす生徒がいる。それ以外の学校への進学をめざす生徒と、これらの生徒にそれぞれ異なる水準の参考図書や問題集を準備する必要が生まれてくる。では、同じ「△△科」の時間の中で、個別指導はどのようにして行われるのであろうか。

(2) 個別指導を支える教育課程の工夫

　矢上高校入学生全体を一集団と見た場合、入学試験の得点に関して言えば、かなり高得点の生徒から低得点の生徒までが混在する。また、卒業時点の志望に関しては、進学志望と就職志望が混在し、「難関校」志望生も一般の専門学校志望生もいる。また、めざす専門領域も生徒それぞれである。こうした生徒の実状を

観察した上で、それらの生徒が感知するであろう「魅力」を創造しようとしたのが矢上高校の個別指導であり、その実態としての教育課程である。

　筆者が「学校要覧」等の資料を提示され、教務担当教員や学校長などから聴き取った結果をまとめれば、そこには次のような特徴が見られる。

　先ず、普通科においてⅠ類とⅡ類のコースが設定される。Ⅰ類は普通科ではあるが家庭科目、商業科目、農業科目などが選択できる類型である。Ⅱ類は進学類型として設定されている。こうした設定は、しかし、他の普通科高校でも採用する場合が見られる。特に、同じ進学コースでも、「難関校」コースとそれ以外のコースを区分するなど。

　だが、矢上高校の個別指導には、もう一つ他にあまり類を見ない特徴がある。それは類型化しながらも、さらに個別志望に応じた選択が出来る仕組みを用意することである。こうした選択制により、同じ普通科に在籍しながら、例えば「数学Ⅲ」までを履修する生徒と、「簿記」や「情報処理」を履修する生徒がいることになる。それは、理数系の「難関校」受験志望生と商業系専修学校志望生徒が同じクラスに編成されながらそれぞれの志望達成に向けた選択可能科目として開設されるわけである。筆者のインタビューに応じた生徒が語った事が実際に行われているのである。

（3）学校内外の連携

　こうした教育課程は、教師間に十分な連携と、「相場」を上回る授業時数負担と裏腹の関係になる。きめ細かな工夫をした場合でも、それに見合う教員増はない。島根県の場合、生涯にわたる教員生活全体において中山間地域や離島などの高校に在職すべき年数が設定されている。したがって、若いときに中山間地勤務をと考える教員も少なくない。そうした思いで矢上高校に赴任した若い教員にとって、「相場」を上回る授業時数の負担は重荷に感じられる。だが、年度末に生徒が示す進学・就職結果が見え始める頃から、一年間の苦労が報われるのを感じ始めるのである。進学希望生には「第一志望」を、就職希望者には「正規就職」を目標に指導しており、近時数年間、目標はほぼ完全に達成している。

　教員組織の連携に対して、地域社会も又、様々な連携を試みる。社会的に認知された外郭団体としては「学校評議員」「PTA」「卒業生会（同窓会）」がある。また、外郭団体とは異なるが、1998（平成10）年2月に「矢上高校教育振興会」

表-10 卒業時の進路状況

区分	平成16年度	17年度	18年度	19年度	20年度	21年度
国公立大学	8	7	14	14	21	21
私立大学	30	16	23	16	27	23
短期大学	21	13	12	13	6	11
専門学校	36	50	30	43	29	37
公務員就職	3	0	2	2	3	1
県外一般就職	11	6	5	5	9	2
県内一般就職	1	7	4	7	12	12
就職・進学	1	1	1	0	1	0
予備校・その他	2	4	0	2	2	0

出典：矢上高校所在資料より筆者作成。

が発足した。振興会は、邑智郡にあった３高校をどのように存続ないし統合するかが県レベルで検討されているのを受けて邑南町住民が矢上高校存続のために発足させたものである。具体的な支援策として次の点をあげる。

1）国際人の育成のための海外研修、あるいは修学旅行等への助成

2）県費で対応してもらえない施設・設備等の整備

3）遠距離学生のための通学費・下宿費の助成、あるいは下宿先の斡旋

4）部活動の支援

5）高校と地域との連携を図り、また地域産業の振興を図るための、農場等学校施設の活用

6）やはり高校と地域との連携を図るための、地域生涯学習に係る学校施設の開放・利用

7）広報活動としての機関紙発行

　これらは、どのように具体化していようか。聞き取り結果によれば、全て具体化・実際化している。特に効果的なのは「２）県費で対応してもらえない施設・設備等の整備」である。これは、具体的には高校の生徒寮の建設として具体化した。建設費１億3,000万円を町費で賄ったが、遠距離の生徒のみでなく、県外からの入学生も現れるようになっている。例えば平成23年度の場合、広島県から６人、福岡県と神奈川県から各１人が入学した。寮があることによって、地元に残る生徒の比率も高まっている。

　また、県が求めた県立高校の将来像に関するパブリックコメントに関して、市町村別に見た場合、邑南町からのコメント（意見）が最も多かったという。矢上高校に対する住民の関心の高さを示す指標と言えよう。では、卒業時に、生徒はどんな結果を残しているか。

(4) 卒業時の進路状況から見た教育効果

　表-10は近時の矢上高校生の卒業時の進路状況を示したものである。全体を一瞥して把握できるのは次の点である。①大学等進学率はほぼ一定であるが、国公立大学への進学実績が顕著になっている。②就職に関しては地元への定着を図る指導が効果を上げている。「その他」にカウントされる未進学生・未就業生を生み出さない対策が効果を上げつつある。

第5節　教育の内発的改革を試行する──大分県安心院高等学校の事例

1．本事例を記述する意図

　中山間地域にとって、高校改革は学科編成や教育課程の編成に関する内実はもちろん重要事項であるが、最も根本的な事項は高校の「存続」にある。学科編成等は「存続」を前提にしてはじめて可能な懸案事項である。こうした根本的課題に直面しながら高校を存続させる意思決定を地域住民の総意によって継続している事例として、本節では大分県立安心院高校を例示する。安心院高校は、後述するように、いろいろな事由で存続の危機に直面してきた。では、この局面を、地域社会はどのようにして回避、切り抜けることが出来たのであろうか。中山間地域再興の視点から見れば、本事例は中山間地域の「崩壊回避」「崩壊からの回復」などのキーワードを前面に出して検討するに値するものと思われる[37]。

　安心院高校の場合、高校が存続するには高校の設置以来受け入れてきた地元生徒の入学が絶対的要件である。少子化が問われる以前、地元中学校卒業生で隣接する宇佐市内の高校に進路を決定する生徒が相当数いたが、それは安心院高校存続問題を問い詰めるほどの要件にはならなかった。だが、少子化の進行過程で、それは根本的な問題として浮上する。一方、宇佐市内の高校のほうが大学等への進学実績があるという実態を前に、家庭に経済力があり、成績も上位に立つ生徒

にとって、単に学校を存続させるために自分たちも地元高校に進学しなければならないとする理由は、にわかには受容しがたい内容である。そこに、地域をあげて厳しくもまっとうな論争が生まれた背景がある。

　論争過程で生じた問題の核心・本質を整理すれば、それは「高卒以後の進路希望が安心院高校で十分達せられるか否か」にあることが多数の住民に理解される。以後、地域住民は議論を「大きくする」のではなく「深める」こと、議論から新たな結論を創り出すことに努める。この議論を住民に広げ、深め、試行錯誤の全過程を調整したのが安心院高校PTA会長荒金見治をリーダーとするPTA役員及び教師集団である。それを支えたのが地元の教育委員会、高校同窓会、地元の小中学校教職員で作る大分県教職員組合宇佐高田支部である。では、これら多様な組織や団体が、地元住民に広く呼びかけながら安心院高校の存続を目標としてどんな議論を展開し、多数住民の意思決定に到達したのであろうか。

　本節では、数回にわたって直面した危機とその「回避」、今新たに直面する「危機」とその「回避」を巡る試行錯誤を記述したい。本節の記述に当たって参照するのは、大分県立安心院高等学校PTA・他で編集した『地域の子どもは地域で育てる』（2005）[38]、及び現地における筆者の聞き取りである。

2．安心院高校の沿革

　安心院高校の沿革は、旧制四日市農学校（後の宇佐農業高校、現在の宇佐産業科学高校）の分教場設置に由来する。宇佐郡に県立農学校創設計画が持ち上がったのは大正期であるが、設置位置を巡って、安心院町ほか宇佐郡の中山間部寄り地域は安心院への設置を郡議会に希望していた。だが、郡議会における採決の結果は「1票差」で里よりの四日市町に設置が決定。山より地域は中等教育機関の設置に関して次の機会を待つことになる。

　機会は思いもよらぬ事態によって訪れる。昭和21年、台風により宇佐郡は各地で川が決壊し、道路が寸断された。四日市の農学校に通うことが出来なくなった安心院一帯の山より地域の生徒が100人ほど、しばらく通学できない状況が続く。これを厳しく受け止めたのが町長の新貝吉久である。県に実態を報告し、陳情を重ね、ようやく安心院に分教場設置の許可を取り付けたのである。

　しかし、敗戦直後の県にはそのための財源がない。「安心院小学校の1室を借

りて発足」という条件付きでようやく許可が下りる。しかし、これでは急場を凌ぐも永続しない。独立校舎設置の許可を取るために町長職を引き継いだ矢野武夫らが奔走する。重ねての陳情に県は「根負け」したのか建設費他一切の費用として当時の金額で３千万円の地元負担を提示してきた。現在の金額に試算して数十億円相当の金額であり、地元に断念させようとしたのかも知れないという噂も立った。だが、町長はそれを了解して帰町する。半信半疑の数百人の住民を前に、「独立校舎なくして何が建設期成会か！」と演説。町長の気迫に圧倒されるように、半信半疑は消え失せ、熱い拍手が起きた。こうして建設に取り掛かり始めた途中、昭和23年度の新制高校発足となり、安心院校舎は四日市農業高校安心院分校になる。こうして新制高校の発足という好機に恵まれ、巨額の金銭負担は軽減されたが、この時の地域リーダーとその支援者たち、さらには住民一般に、「地域の問題解決の基本は地域住民の意思決定にある」という自覚ないし意識を芽生えさせる効果を発揮したのである。

　発足二年目の昭和24年、群馬県出身で宇佐市に所在した片倉製糸に勤務する養蚕の指導者原沢省二郎が分校長（分校主任）に迎えられる。地域リーダーが原沢に託したのは安心院分校の独立校化であった。原沢はそのための資金の捻出に奔走する一方、福岡に所在したGHQ民生局の視察を予測して、校舎や周辺の整備にも奔走した。当時の生徒たちはそのためのグランド整地作業などに無償で奉仕した。こうした経緯の後、昭和26年、安心院町を含む宇佐郡の中山間地より10カ町村念願の県立安心院高校が宇佐農業高校から独立する。とはいえ、校舎は昭和23年当時の小さな建物であり、ここに、いよいよ増加に向かう生徒を全員収容することは不可能であった。数年前、地元で3,000万円を拠出しなければならないことに一度は覚悟を決めた経緯もあり、地元は再び資金の捻出に奔走。ようやく目途をつけ、校舎建設に取り掛かる。

　だが、安心院高校はここでまたもや「危機」に遭遇する。建築が完成に近づいた昭和28年、隣接する建物の湯沸し室から出た火が延焼し、建築中の高校の建物をすべて焼いてしまったのである。建物再建は全くめどの立たない事態に追い込まれ、当時の校長河野房雄の髪が一夜にして真っ白になったと言われるほどであった。しかし、住民はなお諦めなかった。県への陳情を行い、また多くの県民の寄付も集まり、やがて、総額県費による校舎再建が約束されたのである。こうした経緯で安心院高校は普通科、農業科、家庭科の３科を持つ総合高校として軌道

に乗り、進学実績、スポーツ活動の実績がともに一定の成果を上げる。

　続く「危機」は昭和60年代になって間もなく現れる。校舎問題でも生徒減少問題でもなく、それは「生徒の質」に関する内容であった。「大学に進学するなら安心院高校ではだめだ」という風評が広がり、成績上位の生徒が宇佐市内の高校に「流出」し始めたのである39)。発足が農業高校からであったこともあり、歴代校長には専門科目免許所持者が多かったが、地元リーダーに「進学希望の普通科生徒を指導しきる校長を！」という行動目標が共有される。リーダーたちは地元中学校に対して、「成績上位者も従来通り安心院高校への進路指導を」と依頼して回る。県教委の理解と中学校の理解・指導があり、約8年をかけて1992（平成4）年ころには従来の進学・スポーツ活動の勢いを取り戻している。平成5年、この動向を継続させようと、普通科を基礎に、一般コース、園芸マネジメントコース、食文化コース、情報会計コースの4コースを設置した。この結果、2004（平成16）年度の場合、国公立大学に28人が合格し（15年度は同19人）、うち4人が九州大学合格であった。この傾向は今日も続いているが、この間に起きたのが第5の「危機」である。

　この危機は、少子化の過程で発生し、学級減として安心院高校に様々な難問を投げかけている。少子化は止まず、学級は3学級募集から2学級募集になる。この中で、コースを維持することは教師の仕事量から見ても限界が感知された。ではこうした「危機」に、高校や住民はどのように対応しようとしているであろうか。

3．大分県高校改革過程における安心院高校の立場

　大分県教育委員会は、新制高校発足期以来、長期にわたって新制高校発足理念、即ち①総合制、②男女共学、③小学区制をある程度の範囲で継承していた。勿論、地理的条件や生徒総数の多少、学校創設事情などが関与する過程で、理念通りにいかない面はあった。

　この動向に変化を求めたのが1994（平成6）年の「入試大綱（案）」の公表であった。案に示された通学区の拡大・変更、入学定員分離による二段階選抜、推薦制度の拡大、大分・別府所在高校の合同選抜制度廃止などに関し、約1年間議論され、二段階選抜以外は大綱案に沿って改革が進行する。

　これに先立つ1993（平成５）年、大分県学校教育審議会は「生徒減少期に対応する高等学校教育の在り方について」を答申した。1999（平成11）年、県公立高等学校適正配置懇話会は「学校規模の適正化及び学校・学科の適正配置等の在り方について」を報告。これによれば、県立高校の１学年あたり学級数は６～８学級が基準になる。また、学校所在地域の地元生徒の入学率が低く、かつ、連続して募集定員を下回った場合、分校・本校を問わず廃止があり得ることになる。この報告に沿い、2000年以降の５年間に、本校10校、分校２校の12校が統廃合され、本校のうち２校が「校舎」扱い（分校化）になる。この動態は2015（平成27）年の今日まで一貫して継続中である。少子化の過程で生徒数の減少を余儀なくされる安心院高校の場合も、廃止の可能性が高まったのである。では、この動向に対して、地域社会はどのような対応を試みたであろうか。

４．中高一貫教育研究指定と「内発的改革」の試行

　1964（昭和39）年、安心院高校は１学年あたり普通科３、農業科２、家政科２、生活科１の計８学級編成であった。しかし生徒数の減少に伴い、1970年には１学年あたり６学級に、1976年には同５学級に1981年には４学級になっていた。各学年４学級の態勢がしばらく続いたが、1992（平成４）年には３学級募集に減じ、現在は２学級募集である。

　こうして、やがて安心院高校にも統廃合の事案が持ちかけられるのではないかとうわさが飛び交う1998（平成10）年、県教育委員会が安心院高校と周辺の３中学校に「中高一貫制」の導入を打ち出してくる。これは文部科学省による指定研究の試みとして採用されたもので、初めの頃は住民のほとんどはその内容や意義について理解していなかった。宇佐郡PTA連合会はこれに協力を求められたが、内容の理解が出来なかったので、県教委に対して地元への内容説明を求めた。この時、郡PTA連合会会長だったのが荒金見治である。

　荒金は県教委の中高一貫制の進め方に疑問を持っていた。指定期間は２か年である。しかし、協力依頼されたときは既に初年度の11月になっている。残り16か月でどんな結論を成果として公表するのであろうという疑問である。指定研究には相応の意義がある。しかし、それには指定研究の課題に即した文字通り「真剣」で「真摯」な研究が進行するのでなければ、それは予算消化、文部官僚ないし県

教委幹部職員の「業績づくり」でしかなくなる。そんなことに地域社会が振り回
されてたまるかというのが荒金の本心であった。もし指定に協力するなら、協力
した当該学校、当該地域社会が実際に理想的目標に向かって進展・向上するので
なければ意義が無い、荒金はそうした「信念」ともいえる持論を県教委に持ち出
す。もちろん協力は惜しまないし、地元住民への協力にも奔走する心算である。

　荒金はもう一つ、学校教育を日々担うのは教員であり、教員が真に自覚しなけ
ればあらゆる計画が水泡に帰するとも考えていた。そこで、地域に説明会を展開
する場合教育委員会や自治会などのサイド以外に、教職員組合にも「テコ入れ」
していた。暮れの12月5日、土曜日の午後、「もっと語ろうよ、子どものこと、
そして創ろう"子どもの夢が育つ高校"」をテーマに、およそ350名の住民が集ま
ってシンポジュウムを開催した。中高一貫制の説明を受けたのちに地元住民によ
るシンポジュウムが展開したが、最後に確認したのは、「話し合いに出るクセ（習
慣）をつけよう」であった。地元の高校存続がかかっているのである。それを県
教委に丸投げするのを食い止めなくてはならないというのが荒金やリーダーたち
の一致した見解であった。

　こうして、この後も度重ねて地域の話し合いを開催したが、どの場合も300人
〜500人の参加者があり、回を重ねるごとに、「高校存続の可否は住民自身の意思
決定にある」とする自覚が住民に浸透する。また、住民にどんな高校にするのか、
教育内容の展開つまりカリキュラムに関わる検討までが議論されていく。こうし
て、住民に、県教委が投げかけた「中高一貫制」を、指定期間をもって終了とす
るのでなく、住民参加による安心院高校存続の意識改革の契機にし、高校教育の
「内発的改革」を展開しようという自覚が生まれたのである[40]。

5．地域における学校支援組織の再編とEネットの発足及び活動

　シンポジュウムでは意見が続出した。それらは、要約すれば次の4点に整理さ
れる。一つはこの地域にとってどんな高校が理想として求められるかを住民間で
話し合い真剣に考えようという点である。これまで、ややもすれば県教委に丸投
げしていたことへの反省である。第二は、受験勉強だけが真の勉強かを考えよう
という点である。中高一貫制は、入試制度についても一定の改革を進めようとす
るものであった。「簡易な入試」という説明に対して、保護者の多くが、「簡易な

入試では子どもが勉強しなくなる」と不安を訴えたのである。この不安に回答するには「真の勉強」「真の学力」などについて議論を深める必要があった。第三は、いじめや不登校や学級崩壊などの目前の課題に気を採られ、教育改革の動向に無批判に乗ってしまっていないかを問う点である。改めて、教育行政の動向に関心を持つことが自覚される。最後に、地域の子どもはわざわざ遠くの学校に通わなくてもよいように地域で見守るべきではないかという点である。そのためにも、安心院高校を廃校にしてはならないという意見が相次ぐ。

　こうして会議を重ねる過程で、安心院小学校の畠山教諭の発案で「Ｅネット」を組織してはどうかと言うことになる。それは Education と Everybody の両意味を込めた名称である。ネットワークであるから広げようと思えば次々に関係団体を広げることが出来る。1999（平成11）年５月15日に正式に発足し、PTA、校長会、教職員組合、商工会など幅広い団体が加盟する。各加盟団体はそれぞれ固有の目標を持つが、Ｅネットを掲げて活動するときは「安心院高校の存続発展」を標榜することにした。Ｅネット発足前後の各団体の活動のうち、主要な活動を要約すれば次のようになる[41]。

　1998（平成10）年６月12日、第１回県教組宇佐高田支部中高一貫教育対策会議が開催され、以下の４点が確認された。

① エリート養成のための中高一貫教育実践の研究にすることなく、子どもたちのニーズにかなう高校を目指す研究にする。
②「入試の廃止、希望者全員入学、地域の子どもが地域の学校に行く、地域総合制高校」の４つの原則を基本にして研究をおこなう。
③ 安心院高校を地域に根差した「総合制高校」として存続させるために、子どもや地域の要望に合った「学科の開設、改変」のあり方を研究する。
④ 父母や地域と連携しながら安心院高校の育成・存続にむけた地域ぐるみの取り組みにする。

　一方、PTA は同じ年の10月20日、郡 PTA 連合会臨時総会を開き中高一貫教育について意見交換した。この会合を通して PTA 連合会が県教育委員会に要望したのは次の６点である。

① 安心院校区の定員枠をなくし希望する子ども全員入学

② 安心院高校のコースの増設・教職員数の充実

③ 郡内唯一の高校である安心院高校の存続

④ 研究を２年間で終わらせず、期間の延長

⑤ 研究委員会に小学校やPTA代表の参加

⑥ 研究の様子や結果を会員に知らせるとともに研究結果を郡内の教育に生かす

集いは各団体とも数回にわたって開催された。そうした経緯を経て、1999（平成11）年２月25日に第２回中高一貫フォーラムを開催した。このフォーラムで確認したことは次の５点である。

① 今後に向けた運動の組織「宇佐郡教育ネットワーク（Eネット）」をつくる

② 「中高一貫教育実践研究」の研究期間を６年間（最低でも４年間）延長することを県教委に要望する

③ 宇佐郡地域の振興という視点で「中高一貫教育実践教育」に安心院・院内両町の行政としての積極的な支援の要望をする

④ 安心院高校の研究への積極的なかかわりを要請する

⑤ 研究委員会の運営のあり方、研究委員の研究へのかかわりを再考していく

こうして、Eネットが次第に地域に浸透するが、この過程で各世帯に配布されたEネットへの参加呼びかけのチラシの内容には次のような内容が記されている。

Eネットへの参加呼びかけチラシ

一九九九年四月、春の陽差しを受けながら、胸に黄色の腕章をつけ、上級生に手を引かれながら登校する新小学一年生。今日はどんな楽しいことがあるのか、どんな勉強をするのか期待に胸をふくらませての登校風景です。

ピカピカ光る自転車を必死にこぎながら登校する中学生。期待と不安を背負いながら新たなスタートを切った新中学一年生の姿です。

しかし、三年後、この中学生が卒業する時、安心院高校はどうなっているでしょう？　県下各地児童、生徒の減少による高校の再編成が勧められようとしています。九八年度末の高校入試では、五つの高校で定員割れを起こしました。この五つの高校が来春このまま存続する保証はどこにもありません。

　宇佐郡ではどうでしょう。昨年度の郡内の中学校卒業生は一八四名でしたが、来年度（2000年度）の卒業予定者は一二六名に減少します。当然、安心院高校の一学年学級数が現在の三学級から二学級に減ることは誰にでも予想はつきます。

　このような状況におかれている安心院高校に昨年度、中高一貫教育実践研究が指定されました。郡Pを中心に説明会やフォーラムを開催し、切実な要求を県教委などに出してきましたが、十分に私たちの声を受け入れてくれているとは言いがたい状況です。

　また、ある保護者からは「このまま残り一年間で研究を終わらせ、地域の声を聴かないまま来年度実施されれば、安心して安心院高校にやれない。」という声が聴かれます。このような状況を考えれば安心院高校の存続そのものが危うくなるのは間違いありません。その危機感をどれくらいの人が持っているのでしょうか。　　　　　　　　　　　　　　　（本文は縦書き、筆者）

Eネット発足の趣旨

　もしも宇佐郡から高校がなくなったら、いったいどうなるでしょう。

　高校がなくなれば、遠距離通学の大変はもちろん、過疎に一層拍車がかかるのは、目に見えています。また、小中学校の現場でも子どもたちの荒れや不登校の問題が年を追うごとに大きな課題となってきています。このような現状を変えていくには、父母、教職員、地域の人々が手を組んで安心院高校の存続を軸にしながら、ひいては宇佐郡の教育や子育てのことについて考え、語り、実践していくほか道はありません。そこで、宇佐教育ネットワーク（Eネット）を発足し、当面中高一貫教育のあり方を軸にしながら、宇佐郡の教育・子育てのあるべき姿を探り、各地域で実践していく運動を作り上げていきたいと思います。

Eネットのねらい

　①父母・教職員・地域の方々が宇佐郡の子どものかかえる問題について学習をし、教育・子育てに関わる意識変革をはかる。②父母・教職員・地域の方々が手をたずさえ、子育て・教育運動を創っていく。③当面、中高一貫教育のあり方について、より良い方向を探っていく。

具体的な活動

　①中高一貫教育実践研究の期間延長の取り組み、②高校定数増の請願活動、③学校教育シンポジュウムの計画・運営・取組み、④子育て・教育についての学習会（2カ月に1回開催）

組織について

　宇佐郡Eネット事務局（案）、宇佐郡PTA連合会会長・事務局・母親部代表、安心院町・院内町PTA連合会代表、安心院町・院内町教職員代表、大分県高教組安心院高校代表、大分県教組宇佐高田支部代表

　では、Eネットを組織して、住民はどのように活動を展開したであろうか。1998年5月から1999年9までの1年4カ月の間に行われた主な会合を資料に拾えば次の通りである。

1998（平成10）年

　　　　5月　　　　安心院高校、郡内4中学校への県教委からの説明会
　　　　6月　　　　県教委が安心院高校、郡内4中学校を研究委嘱
　　　　　　　　　『中高一貫教育実践研究は地域指定とし、「中高連携」と「入試をなくしての接続のあり方」を研究内容にいれる。』として'98年6月この安心院高校と宇佐郡4中学校に、中高一貫教育実践研究を指定。
　　　　6月12日　第1回大分県教組宇佐高田支部中高一貫教育対策会議（以下支部対策会議）
　　　　9月4日　　第1回研究会議（大分市）
　　　　9月11日　第1回実践研究委員会（安心院高校）
　　　　9月28日　第2回支部対策会議（宇佐教育会館）
　　　　10月20日　郡P臨時総会（中高一貫教育について）（中央公民館）
　　　　10月26日　第3回支部対策会議（宇佐隣保館）
　　　　11月12日　第2回実践研究委員会（安心院高校）
　　　　11月20日　第1回中高一貫教育説明会（安心院文化会館）
1999（平成11）年

1月8日　第1回郡対策会議（宇佐教育会館）

1月11日　第2回郡対策会議（宇佐教育会館）

1月14日　中学校分会オルグ（院内中）

1月15日　第3回郡対策会議（安心院中）

1月22日　中学校分会オルグ（深見中）

1月28日　　　〃　　　　　（安心院中）

1月29日　　　〃　　　　　（津房中）

2月8日　第4回実践研究委員会（安心院高校）

2月13日　郡P臨時総会（第2回学習会につい T）（中央公民館）

2月中に　各単位Pごとに学習会

2月14日　第4回郡対策会議（院内中）

2月15日　宇佐郡全体学習会（院内文化ホール）

2月16日　第2回研究会議（大交ホテル）

2月25日　郡P第2回中高一貫教育フォーラム（安心院文化会館、参加
者400人）

3月4日　第5回郡対策会議（安心院小学校）

3月20日　第6回郡対策会議（安心院中学校）

3月議会　安心院町議会一般質問で中高一貫教育について質問（実践教
育委員会に小学校の代表を入れてほしい旨）

3月23日　第2回Eネット準備会（宇佐教育会館）

3月24日　第7回郡対策会議（院内中）

4月7日　第1回宇佐郡Eネット発足準備会

4月14日　第2回　　　　〃　　　　　（安心院中）

4月？日　安心院高校に総合制学科設立の要請

4月21日　第3回宇佐郡Eネット発足準備会（中央公民館）

4月26日　第8回宇佐郡対策会議（安心院中学校）

4月28日　99年度第1回実践研究委員会（安心院高校）

5月15日　Eネット発足大会（安心院町健康福祉センター）

5月17日　教育内容部会（安心院高校）

5月20日　郡P総会（安心院中央公民館）

5月23日　Eネット拡大事務局会（下毛集会所）

5月24日　署名の取り組み（宇佐郡中高一貫教育実践研究の充実と期間の延長を求める署名）

5月31日　実践研究委員会（安心院高校）

6月7日　教育内容部会（安心院高校）

6月9日　署名1次締切

6月10日　県P総会（大分県教育会館）

6月14日　領域部会（安心院高校）6月16日

6月17日　県P常任委員会（大分市）

6月21日　地域連携部会（安心院高校）

6月21日　Eネット拡大事務局会（院内コミュニティセンター）

6月23日　第2回Eネット学習会（安心院健康福祉センター）

6月29日　第6回実践研究委員会（安心院高校）

7月9日　中高一貫教育報告説明会

7月21日　第7回実践研究委員会

8月16日　研究会議・実践研究委員会合同会議（安心院健康福祉センター）

9月1日　Eネットだより第2号新聞折り込みで宇佐郡域に配布

9月7日　宇佐市郡高校定員にかかわる陳情

6．卒業時に見る「内発的改革」の成果

　研究期間が2年と限定されていた「中高一貫教育指定研究」を実質的に数倍延長し、なお今日まで独自の形でその研究を継続している安心院高校は、では、実質的にどんな成果を結果として表出しているであろうか。筆者調査によれば、成果は次の3点に集約される。

　第一は、学級編成上、1学年わずか3〜2学級であるにもかかわらず、多様な進路に合わせたコースを設定して生徒の進路希望（ニーズ）にこたえていることである。進学も就職もともに絞り込んだ第一志望に進むことが出来るシステムをつくり、生徒の自主的勉学態勢が浸透しつつある。就職については、進路担当教諭の語るところによれば、100％が正規雇用であり、その就職先は、地元企業を含めてすべて「優良企業」である。

　第二は、こうした実績が継続した効果と思われるが、地元の4中学校（現在は

表-11　安心院高校現役進路先一覧 （単位：人）

区分	平成15年度	16年度	21年度	22年度	23年度
国公立大（含大学校）	19	28	24	23	24
同上短大（同上）	1	6	5	11	3
私立大学	19	37	33	35	29
私立短大	14	8	6	8	9
専門学校	26	38	41	34	24
就職（含公務員）	43	31	22	24	26
（計）	(122)	(148)	(131)	(134)	(115)

出典：安心院高校の資料により筆者作成。

統合により2中学校）卒業生の87％が安心院高校に進学していることである。シンポジュウムの折、大阪から仕事で安心院に来たという40歳代の父親が「初めはこんな小さな高校で大丈夫かとも思いましたが、入学してみると、先生方の熱心な取り組みがあり、周りの生徒も真剣に勉強するので、わが子もよく勉強したと思います。第一志望の大学に進学しました」と発言していた。また、別の母親は、西日本ではトップクラスの難関と言われる国立大学に子どもが合格したのを受け、「大学の同じ学科の学生の中で、塾に一度も行かず、高校の授業を受けただけで合格したのはうちの子どもだけでした。高校の取り組みがよかったからです」と発言している。

　第三は、前の発言にあるように、進学実績も向上したことである。効果は平成16年ころから次第に顕著になったが、表-11にその数値を示しておこう。

7．「内発的改革」の成果と「地域再興」

　安心院高校は現在1学年あたり2学級の編成として、小規模化の過程にある。しかし、それでも、地元中学校からの進学率を維持し、国公立大学他大学等への進学率も維持し続けている。こうした実態が継続する背景にあるのが地元住民の意識変容である。いわば「内発的改革」ともいえる状況が生まれ、それを具体的活動に移行させることが出来たのである。では、どんな「内発的改革」が行われ、どんな「成果」が表れ、延いてはどのように「地域再興」に関わることが出来るのか、住民が行った活動をまとめてみよう。

すでにいくつかの活動実績について記したが、特に住民に「内発」効果を生み出すような活動として揚げられるのは次の諸活動である。

① 中高一貫教育研究期間の延長を求める住民署名活動
② 小中高校12年一貫制教育を実現するまでの連携活動
③ 連携の本格化と各団体・組織の部署別活動。

研究機関延長を求める署名活動は、安心院高校存続の可否を左右する危機を住民に感知させる上で効果を上げる。特に、子どもが中学校に通う保護者には、「入試もないまま全員入学させるような方法では、子どもが勉強しなくなり、安心院高校受験を避ける家庭が増えるかもしれない」という危機感があった。そうなれば、安心院高校はたちまち定員割れし、廃校になりかねないからである。そもそも中高一貫教育とは何なのか、保護者への十分な説明もないまま、結論を出して終わりというのでは、保護者に対して失礼ではないかと言うのが本音であった。

地域や保護者の協力を願うというのなら、もっと丁寧な説明と、研究の充実をするのが筋ではないかと言うことになる。

署名活動は宇佐郡PTA連合会が中心になって取り組んだ。各家庭に配布し実施した文面を示せば次の通りである。

『宇佐郡中高一貫教育実践研究の充実と期間の延長を求める署名』

宇佐郡PTA連合会[42]

宇佐郡内ただ一つの高校として、安心院高校がわが子の教育を安心して任せることができる高校であってほしいと強く願っています。そんな安心院高校になるよう、地域のみんなの力で育てていく決意をしています。

安心院高校を中心とし、郡内4中学校が県内はじめての中高一貫教育実践研究の地域に指定されたことを私たちは大いに喜び、その研究の成果に強い期待を持つと同時に、大きな不安も感じています。

そこで私たち郡P連は、この研究を是非子どもたちのためになるものにしてほしいとの願いから、県の教育委員会による説明会（11/20）や中高一貫教育フォーラム（2/25）などを開いてきました。

……中略……

ところが、中高一貫教育の研究は昨年7月の年度途中での指定で、実際に研

究がはじめられたのは９月も後半からです。急きょ選ばれた研究委員により、先進校の視察などはされたものの、中間報告（21/6）を見ると具体的な研究はほとんどされていない状態です。にもかかわらず、県教育委員会は本年度中（実際には募集要項を創るために10月以前）に研究結果を出し、来年３月の高校入試から「入試を簡便な方法」に代えて実施する方向を強く出してきています。

中高一貫教育がどんなものか分からないまま導入されると、「入試が無くなれば子どもが勉強しなくなるのではないか」といった不安ばかり膨らんできます。

……中略……

すでに中学３年生は、来年も今まで通りの入試が行われることを見越して勉強に取り組んでいます。年度の途中での入試方法の変更は、受験する当事者の子どもたちはもちろん、親にも高校受験に対する不安や混乱を招くことは明らかです。

私たちは、中高一貫教育実践研究を本当に子どもたちのためになるものとして成功させるために、次の３点を強く要望致します。

《要望事項》

一、地域に混乱をまねく、平成12年度よりの安心院高校の入試制度の変更を行わないこと

二、宇佐郡中高一貫教育実践研究に、父母や地域の人々の声を取り入れ、本当に子どもたちのために役立つ研究にし、その研究結果を郡内の教育に生かすこと

三、宇佐郡「中高一貫教育」実践研究の研究指定期間を当面の間延長すること

署名活動の途中で、県教委とPTA連合会とのあいだに「火花の走る場面」があった。署名は一貫教育に反対する内容ではない。むしろそれを十分な研究にし、安心院高校のより良い在り方に生かすよう努めてほしいという内容である。しかし、県議会において「地元住民が反対する中高一貫教育をなぜ進めるのか」という質問があり、県教委が署名活動を誤解した面がある。教育長とPTAの荒金会

長との間に瞬間ではあるが火花の走るような場面あった。然し、このやり取りの過程で、双方とも、研究自体に疑義を持っているのではないことが判明する。このやり取りを通して県教委はむしろ中高一貫教育研究に本格的に乗り出し、また、研究に当たっては地元住民の意向をくみ取る姿勢にもなるのである。

　署名は全世帯を単位に配布され、最終的に全世帯の70%を少し超える賛同署名を集約することが出来た。その背景にあったのがEネットである。

　次に、安心院高校を拠点に、教育活動が宇佐郡２町に所在する４中学校８小学校のすべて、つまり小中高一貫教育として具体化したことについて記そう。

　県教委が提示したのは中高一貫教育であった。然し地元が話し合いを開始してみると、子どもが小学校に入学した時から12年間を見つめて学校教育の全体を考えるほうが研究の趣旨に合致しているのではないかと言う意見が相次ぐ。そうであれば小学校もこの研究過程に参加したほうがよいことになる。文部科学省の指定研究と言う建前があり、公然と小学校までを含む一貫教育研究のスタイルは取れないが、内実は地元の要求に沿う形で小学校以後12年間の一貫教育のあり方を探る内容になっている。それは、むしろ研究の内実を深める意味を帯びていた。

　保護者の多くは、自分の子どもが少しは真剣に勉強して高校に合格するという点にのみ関心を寄せる傾向があった。しかし、Eネットなどによる学習会に参加すると、「子どもにとって学びとは何か」という根本的な問いと課題が鮮明になる。真剣に学ぶ子どもにするには相応の発達的背景が家庭や地域で形成されていなければならないことに気づくのである。子どもにどう関わったらよいのか、あらためて「親学」事始めを開始する保護者が続出したのである。それは、子どもの育成というにとどまらず、「住みよい地域社会にするには」などの、地域づくりに関わる課題の認識やそれに伴う主体的関与、責任などの自覚を促す。

　小学校まで広げた一貫教育研究は、結果的に「教育」を介在しながら住民の地域づくりへの参加意欲と参加態度の２つをともに向上させることに寄与する。研究会や大会などの集いへの参加が、郡人口に比較して相当数に上ることからもそれは推察されよう。

　さて三つ目の、各部署の活動は、今述べた二つ目の活動と連動する。Eネットには地域の諸団体・諸組織が名を連ねたが、それが単に「名前貸し」に終わらず、各団体・組織の実質的活動を促すように作用したことが「内発的改革」に大きく影響している。特に活動が顕著であったのはPTA、安心院高校同窓会、各学校

の教員であった。

第6節　小規模分校の存続を試行する——京都府網野高等学校間人分校の事例

1．本事例を記述する意図

　新制高等学校は2018（平成30）年に発足70周年を迎える。この70年間に、後期中等教育としての高校教育は、入学する生徒の個別ニーズと社会的要請として生徒に期待され求められるニーズとがそれぞれ呼応し、内容や運営などに相応の変容を繰り返してきた[43]。

　こうした過程にあって、当初、農山漁村部に比較的多数設置された「昼間定時制分校」の多くは独立したり、その後、廃止されたり、紆余曲折を経た。この変遷の下、今日なお定時制分校として存続する事例が存在する。京都府立網野高校間人分校は数少ないこうした事例の一つである。間人分校には、発足当初とは異なる条件から、なお存続する意味があり意義もある。生徒の多様化や少子高齢化が急速に進展する日本の近時の経済・社会・福祉的要請も加味されて間人分校が存続するとすれば、では、それはどんな要請であろうか。間人分校が辿った歩みや現在実践的、継続的に研究試行する内容は、今日、日本の中等教育が抱える教育課題の一端を浮き彫りにするに違いない。

2．京都府高校教育対策における間人分校の立場

　本分校は、1948（昭和23）年9月1日、京都府立網野高校（同年4月1日設置）の分校として、宇川分校と同時に設立されたものである。宇川分校は昼間定時制として、間人分校は夜間定時制として発足している。設置課程は普通科1学級40人定員である。分校の設置は地元の要望・期待に応えたものであり、定時制高校として全国各地に設置された分校とほぼ同類のスタイル及び内容であった。宇川分校はその後1955（昭和30）年4月1日から間人分校に統合され、間人分校昼間部となる。1979（昭和54）年、夜間部の募集を停止し、昼間定時制だけになって今日に至る[44]。

　京都府の高校教育には、いわゆる「高校三原則」が1980年頃まで踏襲されてい

た。間人分校の場合は普通科のみの設置であり、原則のひとつ「総合制」は該当しなかったが、他の二つ「男女共学」「小学区制」の原則は貫かれていた。とはいえ、分校であり、地元中学卒業生の場合、網野高校本校に進学する例は相当数あった。

「高校三原則」が長らく定着したこともあり、京都府の公立高校にはいわゆる特別な「難関校」が見られない状態が続いていた。しかし、1978年、府知事の交替を背景に教育行政も少しずつ変化し、これに伴う高校の「序列化」も徐々に進む。また、こうした教育行政の政策転換に伴う変化のみでなく、生徒の進路選択状況も全国的規模で変化して来る。そこに浮上したのが急速な少子化の進行である。こうした時代背景の下、府の高校教育も度重ねて対策を打ち出さなければならなくなる。平成15年3月、府はこうした状況変化に対応するために、府立高校の改革案「府立高校改革推進計画」公表した。その骨子を探ってみよう。間人分校の現況もこの「計画」に即した改革の流れに沿うものだからである[45]。

「計画」は2001（平成12）年5月に設置した「府立学校の在り方懇話会」において約2年間の協議を経てまとめたものである。その冒頭は「今、府立高校は、国際化、情報化、高齢化などの社会の変化、生徒の個性化・多様化の振興、生徒減少に伴う学校の小規模化など多くの課題に直面しています。……」という文言で書き出され、待ったなしの計画であることが暗にしのばれるところである。全体は「推進計画の基本」「多様で柔軟な教育システム」「創意工夫を生かした教育活動」「主体的な選択ができる入学者選抜制度」の4点を柱に構成されている。間人分校の現在の実態に関わる部分に限定してその概要を記せば次の通りである。

「推進計画の基本」では「能力・適性、興味・関心、進路希望などにおいて多様な生徒が入学していることを踏まえ、……個に応じたきめ細かい指導を徹底して、……高校入学後の進路変更や高校生活への不適応にもきめ細かく対応できるよう、それぞれの生徒の適性や可能性を見出しこれを生かす指導を勧めます」と記している。「多様で柔軟な教育システム」では「生徒数の減少により、既に一部の高校は規模が小さくなっており、……また、生徒の興味・関心、進路希望などの多様化の状況を踏まえ、……生徒の様々なニーズに的確に対応する高校を設置することが必要です」と記すくだりがある。「創意工夫を生かした教育活動」では「中途退学など様々な学校不適応の分析を進め、組織的な指導体制の充実を図り、学校不適応の解消に向けた取り組みを進めます」と、求められるシステム

の当面の目標が記されている。最後に「主体的な選択ができる入学者選抜制度」
では「様々なハンディキャップへの対応を行っていますが、今後、志願者の状況
を踏まえ、新たな特別選抜について検討を進めます」と謳っている。

　さて、こうした高校改革展望の下、間人分校の場合、分校発足当初には濃厚で
あった「地元の中学校卒業生のための高校」という色彩は薄らぎ、「さまざまな
個性や成育歴を持った生徒に対して個別の対応を重視する高校」のニュアンスを
色濃くしていく。しかし、それは間人分校がこの間人という地域に所在する意義
を失うものではない。では、地域所在中学校卒業生がごく少数なのに、本分校が
間人という地域（場所）に所在する意義・理由は何であろうか。

3．21世紀高校改革の展開における間人分校の特徴

　先の問いへの回答は「府立高校改革推進計画」に記された４つの基本的柱に見
出すことが出来る。確かに、今日、間人地域にとって、分校の存在は「地元卒業
生の進学先」という点からはあまり重要ではなくなっている。かといって、分校
が存在するデメリットもない。ただ、この分校があることによってようやく高校
卒業資格が取れるという奥丹後地域の生徒は相応に存在する。即ち、間人分校は、
旧来の、主として「地元の生徒に応える高校」という性格・特徴を弱め、代わり
に、「様々な個性や事情を持つ生徒に応える高校」の性質ないし特徴を強めてい
るのである。ここに進路を求めて来る生徒も、「街場の高校ではなく、田舎に所
在する高校だからこそ通学することが出来る」という場合が少なくない。表-12に、
間人分校の出身中学校別生徒数を示そう。間人、宇川の地元２中学校出身生徒は
１割に満たない。

　間人分校は、現在、府の「計画」に即して「多様な個性を持つ生徒」の多様な
進路を保障することに重点を置く高校として奥丹後地域に広く知られ、主にバス
を利用して通学する生徒を受け入れ、地元の間人地域とも連携し、当該「個性」
ゆえに「スローな指導」を求める生徒に昼間定時制の特徴を効果的に活用し、４
年間という年月をかけて自立の途に導こうとしているのである。では、分校では
実際にどんな具体的な指導が行われているのであろうか。

４．小規模分校における個別指導の実際

　間人分校が実施している高校教育の特徴・特色は「小規模校」ゆえに可能な徹底した「個別指導」である。この場合、個別指導と言うのは、生徒一人ひとりを個別に切り離して行う指導という意味ではない。生徒各個人の身体的、内面的、社会的諸実態を十分加味して行う指導と言う意味である。在学生徒は、場合によっては、不登校体験やいじめられた体験、成績不振や失望経験など、一般には「負」とされがちな体験・経験を経ている。しかし、まだ年齢は10代後半になったばかりである。教育如何によっては、こうした「負」とされやすい側面を「正」の性質に変換することが出来る可能性がある。さきの府教育委員会の「計画」は、こうした可能性に賭ける側面を帯びている。

　では、実際に行われている教育の実像はどうであろうか。多様な角度から迫ってみよう。聞き取り調査に並行して、高校が公表する文書等の記録資料、府指定の研究成果に関する資料など、さまざまな角度から探ってみたい[46]。

　筆者が聞き取り調査で訪れたのは2011（平成23）年12月５日である。網野高校本校を先に訪ね、10時過ぎの間人行きバスを利用したが、途中から男子生徒が１人乗車する。分校前の停留所で一緒に降りたので「分校の生徒ですか？」と尋ねると、生徒は小声で「はい」と応え、小さく首を下げて生徒玄関に向かって歩いて行った。もちろん大幅な「遅刻」であるが、どこかに「休まないで登校した」とでもいうような表情が読み取れたことを覚えている。

　記したのはごく微細な出来事である。それでも、その生徒が、隣接する間人中学校の少し多めの生徒たちが醸し出す賑わいの近くを「しっかりした足取り」で歩いて行く姿にこそ、本分校が研究試行する教育の実際とその成果が漂っているのではないかと思わないではいられないところである。

　さて、文学的表現はこの程度に抑え、他の側面から、本分校の実態を見て行こう。分校主任によれば、間人分校を定時制のまま継続するか全日制に移行するかは、生徒の立場に立って考えないと一概には決められない。全日制の場合は卒業が１年早くなるメリットがある。しかし、その場合は、単に卒業証書を発行したというだけに終わりかねない。教育の機関であるなら、高校として容認される年限制度をぎりぎりまで活用して心身や学力、社会性や自己決定が出来る主体性も習得して卒業させるのが責務であり使命でもある。こうした立場を遵守して、間

表-12　出身中学校別間人校生徒数（平成23年度、1～4年生合計）

網野	橘	間人	宇川	弥栄	峰山	大宮	久美浜	高龍	京丹後市外	計
23	7	3	2	4	11	9	3	3	3	67

出典：『平成23年度　学校要覧』京都府立網野高等学校、より。

人分校はあえて（昼間）定時制課程の継続を選択的に決定しているのである。

　卒業時点を目途にした場合、最終目標は「社会的自立」の促進にある。そのために分校が掲げる教育目標は「基礎学力」「コミュニケーション能力」「キャリアアップ」の向上と定着である。入学した当初多くの生徒に見られる傾向として、成功体験が乏しく、自尊感情が十分に感じられないという。学業に自信がない生徒が多いので、先ずは教師が学業以外の点で評価することが出来る側面を見出すところから生徒・教師関係を創り出すことになる。こうした実態からも、定時制制度を継続し、4年間という時間の活用が望ましいと判断したのである。生徒はスローな授業展開を通して少しずつ高校の教育課程に馴染んでいく。間人地域とは、分校独自の文化祭時に地元の老人会メンバーを招待したり、旧丹後町地域が主催する文化祭に美術品や家庭科で実習した作品などを出品して交流したり、さらに、地元の海岸沿いの清掃活動にボランティアとして参加したりする交流がある。こうした交流もまた、基礎学力やコミュニケーション能力向上につながる活動である。こうした旧来からの慣行があり、2010（平成22）年度まで、旧丹後町に間人分校振興会が組織され、年間十数万円程度の分校振興費の寄付もあった。生徒はこうした地域の教育支援環境の中で教育を受けるのであるが、まだ中途退学者もおり、多い年は当該学年の2割程度になる場合もある。

　では、個別指導はどのように行われているであろうか。本校である網野高校は、2007（平成19）年度から5年間、京都府の「フロンティア高校支援事業」（府指定）実施校として教育研究に取り組み多くの成果を上げたが、網野高校本校の研究指定最終年度（平成23年）から本間人分校もこの指定事業を受けることになる。ここで行われた実践に、間人分校の個別指導の詳細が読み取れるところである。分校は「京都府立間人分校」と題する分校教育通信を定期的に発行している。また、この研究指定を契機に、分校生徒に対する指導に「特別支援教育」の手法を大幅に取り入れ、その実践を公表している[47]。

　先ず、生徒の作文の一部を垣間見よう。1年生のA（女）は「学習の内容は、

主として普通教科です。それに、すべての学年で商業科目が加わります。学習の
ペースはゆっくりとしていますが、中には、英検、漢検、数検、ビジネス文書実
務検定などの資格取得に挑戦する生徒もいます。高校の内容だけでなく、小学校、
中学校の学び直しにも力を入れており、間人分校独自の「間人式検定」を行って
います。……また……ソーシャル・スキル・トレーニングを取り入れています。
これは、社会生活に欠かせないコミュニケーション能力を身に付けるためのもの
で、内容は間人分校の先生方が考えているそうです。……近年は、自主的にボラ
ンティア活動に取り組む生徒も増えてきました。……間人分校では、学年のレベ
ルに応じた進路学習を行っています。」と、分校を紹介する。

　２年生のＢ（女）は、東京の国立競技場で行われた全国高等学校定時制通信制
陸上大会に出場して次のように綴っている。

　　「……全国大会で得たことがいくつかありました。一番うれしかったのは、
　友達ができたことです。昨年、友達になった人と今年再会し、今年初めてあっ
　た人とも、親しくなりました。……全国大会に参加して学んだことは、自分一
　人で競技に参加しているのではなく、引率の先生方、京都府の代表メンバー、
　友達、家族、学校みんな、たくさんの人の応援や協力があって、今、自分がこ
　こにいるということです。感謝の気持ちを忘れず努力を積み重ね、来年もまた、
　友達との再会を果たしたいと思います。」

　また、３年生のＣ（男）は、インターンシップに参加した後の感想を次のよう
に綴っている。

　　「私のインターンシップ先は、峰山図書館でした。私は書物が好きで、司書
　にあこがれている思いを先生たちに話したところ、図書館で実習ができるよう
　にと計らってもらえました。……仕事をするということは、自分以外の人や社
　会の役に立つということだと思います。仕事をしている時間は、プライベート
　な時間ではありません。インターンシップを終えて、公私のけじめをつけるこ
　とが大切なのだと気づきました。」

　さらに４年生のＤ（男）は、分校での高校生活を振り返って、次のように綴る。

　「私の家から間人分校までは自転車で1時間近くかかります。また、定時制であり、他の高校よりも1年多く通わなければいけません。それでも間人分校に行こうと決めたのは理由があります。私は、小学校の高学年のころからいじめを受けるようになりました。引っ込み思案で何も言い返せなかったのでいじめやすかったのかもしれません。仲間はずれにされてクラスの輪に入れてもらうことがありませんでした。中学校に入学して1年目は大丈夫でしたが、2年生になってクラス替えをしたとたんに、また、仲間はずれにされるようになりました。小学校の時のことを知っている人が言い出したのがきっかけでした、……高校受験の時は、どこの高校にしようかと迷いました。みんなと同じ高校に行ったらまたいじめられるかもしれないと思い、知った人がいない高校に行こうと考えました。間人分校に見学に行ってみると、少人数で、授業の雰囲気も良く、先生と生徒が会話をする様子も明るくて、ここでなら頑張れると思い、間人分校に決めました。……中学校でのいじめを知っている人がいなかったせいか、高校に入学してからはいじめられることもなく、クラスの仲間とも話せるようになっていました。5月、6月は球技大会、海岸清掃とバーベキューといった行事があり、学年の枠を超えた班構成で、先輩とのつながりも強くなりました。仲の良い友人ができると、さらにその輪が広がって友達が増えていきました。『これがいじめの無い生活か……。』と改めて実感しました。……去年、生徒会として取り組んだ行事の中では、文化祭が一番印象に残っています。準備や司会など大変でしたが、生徒会の役員でダンスの発表も行い、とても充実していました。……中学校までは、人前に立って自分が何かをするなんて考えられませんでした。しかし、そんな私が、高校生活の中で多くのことを経験し、……将来は、調理師免許を取っていつか自分の店を出したいと思っています。……」

　では、こうした作文から間人分校の個別指導の実態はどのように理解することが出来るであろうか。
　生徒数が分校全体で50人〜70人、4学級の間人分校の教職員は、常勤12人、非常勤3人である。教師1人当たりという計算によれば、4〜6人という数値になる。高校としてはかなり行き届くことが予想されるが、特に分校では、生徒がその時点で持つ心身の状況に即した教育課程が進行する。もちろん、学校行事など

は集団で挙行するが、集団活動に移行する前に、十分な事前指導を試みる。こうした指導を受け、中学校時点では予想されなかった水準に変容するのである。1年生のAは、高校で初めて体験するソーシャル・スキル・トレーニングについて触れているが、教師の用意周到な事前準備の上で、どの生徒も他者とのスムーズな関わりが出来るように指導する。こうした指導があって、2年生のBは、自分を支えている沢山の人々を自覚し、さらにこうした人々への感謝の念を自覚するところまで心の発達を遂げている。3年生Cの場合、インターンシップを通して、さらに「社会貢献」を自覚し始めている。中学時代まではかなり苦手として来た他者との関係を、分校における多様な体験を通して築き始めていると理解できるであろう。最終学年のDの場合、自分の過去を冷静に振り返り、自分が心身共に発達していることを実感として受容している。そこには、間違いなく自尊感情や自信が育まれているに違いない。単なる机上の目標ではない間人分校の、実態を伴う個別指導が読み取れるところである。

5．間人分校における教育研究の成果と課題

　では、生徒による分校の教育に対する受け止め方に対して、教師集団はどのように認識し自己評価しているであろうか。分校は近時「間人分校キャリア教育だより」を発行した。2013（平成25）年9月号は、全体を「間人分校の教育理念」のテーマで統括し、校長（ふだんは網野高校本校に勤務）、副校長（ふだんから分校勤務）ほか全教員が手記を寄せている。この号は、間人分校の近時の教育の実際を如実に示す適切な資料になると思われるので、内容の一部をそのまま記すこととする。原資料はA4判で「△たより」の形式で構成され、挿絵やレイアウトに趣向も凝らしているが、そうしたニュアンスは消えることを断っておく。

　○「間人分校の教育理念」　　　　　　　　　　　　　　　　校長　高橋　弘
　　……間人分校での学びの特徴は、4年間の学びのスパンと少人数のゆとりのある環境で、個に応じた学びができることにあります。その利点を活用しながら学校経営方針として、

　1、将来に対する夢や目標を持たせ、希望進路の実現に向けて挑戦する姿勢

を大切にする。

　2、個に応じた学習指導を大切にし、基礎基本の定着を図り学習意欲を向上
　させる。

　3、社会教育、道徳教育を大切にし、家庭との連携を取りながら社会的規範
　意識を高める。

　4、特別活動、部活動、ボランティア活動を重視して、心身の育成を図る。

を掲げています。これら4つを学校教育の大きな柱とした教育の中で、生徒諸
君がこの間人分校での学びを通して、「自分は4年間やり遂げたんだ。」という
充実感と自信を持ち、さらに未来に希望を持って巣立っていけるよう心より願
っています。

○「間人分校のキャリア教育」　　　　　　　進路指導部長・理科　狩野清貴
　……私たちが働く目的は、収入を得るためだけではありません。働くことは
社会への貢献であり、たとえば他人の役に立っているという実感＝生きる喜び
につながる大切な活動です。……生徒達には、学力とコミュニケーション能力
を向上させるとともに他人との信頼関係を築くことの大切さ学び、進路を望む
方向へと切り開きながら豊かな人生を送ってほしいと願って……。
〈間人分校のキャリア教育〉

　1年、自己理解を深める。面談やSSTを通して自己肯定感を高め、将来の
見通しを持つ。

　2年、進路意識の向上を図る。進路ガイダンスや企業見学等を通して、自己
の適性を自覚する。

　3年、具体的な進路を考える。インターンシップを通して職業観を高め、進
路について考える。

　4年、希望進路の実現を図る、適切な進路選択をし、実現に向けて努力する。

○「スローな教育」　　　　　　　　　　　　　教務部長・国語科　石山敦子
　……4年間という時間の中で、最初は一つ一つ指示をしていくことが、学年
が上がっていくと、主体的に学ぶ様子が見られるようになります。個人差もあ
り、ゆっくりとした歩みかもしれませんが、学習に対する苦手意識が弱まって

いきます。……自分が苦手なこと、困っていることに対して、どのようにすれば解決できるのか。自分ができることを考えて工夫する努力は、学習だけでなく、社会に出てからも役立つ力です。

○「授業のユニバーサルデザイン化」　　　　2年担任・地歴公民科　高津浩司
　……誰もが分かりやすいと感じる授業にするため、板書、教材の提示方法、発問、掲示物の内容や配置等を工夫するのが「授業のユニバーサルデザイン化」です。……例を示すと、生徒に都道府県を尋ねる時に都道府県名だけでなく、場所も答えさせるようにします。黒板に地図を張り、物差しをさせるのです。すると「おかやまけん」と「わかやまけん」を聞き違えるようなケースを防ぐことが出来ます。小学校では、ユニバーサルデザイン化がたいそう進んでいるようです。……間人分校に合った授業方法を研究していきたいと思っています。

○「つながる力向上プログラム」　　　　　　1年担任・保健体育科　吉岡知徳
　……1年生を対象としており、1学期には右のような活動を行いました。「つながる力」はあらゆる場で培われるものだと思いますが、核家族化が進みネット社会が広がる中で、人とのかかわりを避ける子どもが増え、人間関係につまずく大人もいます。小さな成功体験の積み重ねが大きな力になることを信じ、社会において自ら繋がりを求め、共生していける力を……。
　　4月23日　自己紹介文
　　4月30日　基本的な生活習慣（睡眠と朝食）
　　5月14日　SSTガイダンス
　　5月21日　ボランティア活動（地域清掃）
　　6月4日　あいさつ・発表の基本
　　6月11日　適切な言葉づかい（1）
　　6月18日　適切な言葉づかい（2）
　　6月25日　自分の気持ち・相手の気持ち
　　7月2日　ソーシャルスキル実践編　①届け物をする　②副校長と話そう

○「はじめてのSST」　　　　　　　　　　　　副校長　木村嘉宏
　……1年生を対象とするSSTの実践講座を実施しました。……生徒の相手

をして、良かったと思うことが３つあります。まず、「失礼します。」と言えた
こと、次に「ありがとうございました。」と言えたこと、最後に「謙虚さ」が
感じられたことです。「謙虚」と言うとむずかしいですが、生徒には「自分の
したいことを控え、先に相手のことを考えること」だと説明しました。定型の
言葉だけでなく、態度として示せたことが大きなことだったと思います。

○「おはようと言える力」　　　　　　生徒指導部長・保健体育科　岡下宏行
　……「おはよう」という言葉が出にくい生徒もいます。……別に挨拶をしな
くても生きて行けます。しかし、人との関わりをよくし、……楽しく生きて行
くために欠かせないのが挨拶です。挨拶は「私はあなたに危害を加えません
よ。」「私は貴方と友達ですよ。」……つまり、平和な集団を築く基本行動なの
です。間人分校では、毎朝、全教員が校門近くで声かけをしています。それは、
生徒のみなさんに「おはよう」と言える人になってほしいと願っているからで
す。

○「短冊に書かれた願い事」　　　　　　４年担任・４英語科　行待　香
　……間人分校には月に一度、外国語指導助手のサマンサ先生が来ます。……
毎年７月には、願い事を英語でしたためて七夕飾りにし、校内に展示する取り
組みをしています。……願い事の内容は、１年生の場合「〜に行きたい」「〜
に会いたい」「〜がしたい」といった形が多く、２年生になると「〜になりたい」
といった将来の夢について書く生徒が増えます。３年生には「自分の周りの人
が幸せになりますように」や「世界平和」など、自分の周りに気を配った願い
事が見られるようになります。４年生はさすがに「試験に合格しますように」
「〜になれますように」など、目前に迫った自分の進路に関係した願い事が多
く書かれていました。……みんなの願いが叶うと良いなと思います。I hope
everybody's wish will come true.

○「スポーツを楽しむ」　　　　　　　　３年担任・商業科　梅本秀敏
　……スポーツというと、苦手な人からすれば“つらい”“面倒”といった目
先の——イメージが先行しがちですが、たくさんの魅力が隠されています。
……間人分校では、木曜日に部活動の時間があり、全校生徒が両丹総体に向け

て、毎週、練習をしています。スポーツが得意な生徒もいれば、そうでない生徒もいますが、大切なのは技術や成績よりも継続することだと考えています。……諦めずにやり遂げて得た経験は、卒業後も自分の自信となり支えになります。……スポーツをする機会が身近にある高校生の間に、遊びの楽しさとは違うスポーツの楽しさを経験して欲しいと願っています。

○「プラスワン・スタディ」　　　　　　　統括学年部長・数学科　木下　諒

　……「プラスワン・スタディ」とは、丹後教育局管内の高校生による、小学生の放課後学習支援の取組みです。……希望者を募ったところ、4名の生徒が参加を申し出てくれました。1学期の活動内容は、1・2年生のプリントの丸付けと下校の付添いでした。はじめは、「うまくできるだろうか」「分からないことを聞かれたらどうしよう。」と不安な気持ちが見られ、教員が付き添っていました。しかし、回を重ねるごとに慣れてきて、生徒たちだけで自信を持って活動できるようになりました。……自ら進んで「やってみよう」と思い立ち、精一杯活動している……姿を見ると、高校生にとっても収穫の多い取り組みだと感じます。

○「卒業生の頑張る姿」　保健部長・特別支援教育コーディネーター　藤原典子

　……分校では、卒業生を招き「卒業生の進路講話」を実施しています。……7月16日には、「聴覚障害の理解学習会」に卒業生を招きました。彼女は、在学中、自身の障害をなかなか友だちに言えなかったこと、……自分の苦しみを告白したとき、……「そんなことを考えてたんか。なんでもするから言ってよ。」という言葉を返してもらったこと、それからは「安心と勇気」を持って学校生活を送ることができたこと、また高校卒業後は、社会の厳しさに直面することも多いが、周りの人たちの声かけに感謝しながら、夢に向かって頑張っていることを話してくれました。……「卒業生の頑張る姿」を知ることで……「自立力」を養ってほしいと願っています。

○「努力はひとを裏切らない」　　　　　　　　　　　　技術職員　田中邦雄

　……高校生活は、将来のためにとても重要な期間です。……志高く、……いろいろなことに挑戦し、視野を広げ、将来の展望を見出すための礎となる力を

つけてほしいと思います。人間の力には「無限の可能性」があります。「ワンダー光線」を信じて、勇気を持ち、積極的に自分の人生を耕しましょう。とにかく、努力を惜しまないでください。そのことが、いつの日か必ず活きるのです。何事にも感謝し、素直に喜ぶということを大切にして……。

　間人分校に勤務する教員の「おもい」と「実践」に相当する手記の概要を提示した。分校の教育理念が具体的な姿として遺憾なく表現されている。それらを煮詰めた場合、抽出されるのは、「生徒の『現存在』から教育を開始する姿勢」である。この姿勢は、例えば「特別支援学校」や一般の学校の「教育相談室」などでは当然のこととして行われている姿勢である。「現存在」、つまり、生徒のありのままの現状を丸ごと容認しながら、目指す理想に向け、生徒自身が理想に向かう自分を承認するまで待ち、教師集団と「二人三脚」否「百足競争」のスタイルでゆっくり、しかし確実に歩む教育を、十代の終わりまで時間をかけて行うのである。

　こうした方法に対して、「高校は義務教育の学校ではない」という点から、切り捨てを論じる声も聞こえる。だが、広い視野に立って検討した場合、切り捨てれば、当該生徒の自立の途を遠のかせるばかりでなく、社会福祉上の負担になる側面が増大するかもしれない。間人分校卒業生の多くが自立の途を歩み、結果的に、社会福祉上の負担になるどころか「納税義務」にも応じている現実にこそ目を向けるポイントがあるのではあるまいか。京都府教育委員会もこの点を重視するスタンスに立っている。

註

1）国立教育研究所『日本近代教育百年史6』1974、（財）教育研究振興会、の「概説」部分を参照。
2）2007（平成18）年12月15日に改正された。
3）蘇南高校に関する調査は、2009年11月18日、2010年2月22日〜23日に行った。
4）以下、文献として主に参照したのは、蘇南高校五十年史編集委員会『蘇南高校五十年史』長野県蘇南高等学校創立五十周年記念事業実行委員会、2002、である。
5）筆者はこの動向を総じて、「共同の後退・市場化の進行」として把握している。
6）蘇南高等学校『学校要覧』平成21年度版参照。
7）福島県教育委員会「県立高等学校改革計画」平成11年6月、による。

8）福島県教委、前掲資料。

9）只見町『只見町史第6巻』平成8年、只見町、による。

10）只見高校創立50周年記念誌出版委員会『創立50周年記念誌』平成10年、16頁より。

11）拙著『農村における後期中等教育の展開』2009、学術出版会、参照。

12）只見高校創立50周年記念誌出版委員会、前掲書、62頁より。

13）只見高校における聞き取りによる（2010年3月30日）。

14）只見町教育委員会発行パンフレット（2010年3月3日に入手）による。

15）調査は2009（平成21）年12月24日、2011年8月8日に行った。

16）秋田県教育委員会「第六次秋田県高等学校総合整備計画」2010年12月。

17）秋田県教委、前掲資料、まえがき部分。

18）同前、まえがき部分。

19）同前、15頁。

20）同前、24頁。

21）矢島町教育委員会『小学校社会科副読本・わたしたちの矢島町』平成11年3月、参照。

22）本荘由利郡校長会『由利教育百年史』昭和51年1月、305頁。

23）秋田県立矢島高等学校「平成23年度学校要覧」参照。

24）矢島高等学校所在資料「秋田県立矢島高校」平成23年8月、参照。

25）同前資料より転載。

26）同前資料より転載。

27）矢上誌編集委員会『矢上百年誌』、平成15年8月、矢上コミュニティセンター、参照。

28）矢上高等学校五十年史編集委員会『矢上高等学校五十年史』、平成10年3月、矢上高等
学校、参照。

29）矢上誌編集委員会、前活書、参照。

30）「平成22年度学校要覧」島根県立矢上高等学校、平成22年5月、参照。

31）島根県教育委員会「県立学校後期再編計画——平成16〜20年度——」平成16年6月、参照。

32）前掲資料、4頁から転載。

33）前掲資料、15頁から転載。

34）島根県教育委員会「県立高等学校再編成基本計画——魅力と活力ある県立高校づくりの
ために——」平成21年2月、1頁から転載。

35）聞き取り調査は、2009年8月3日、2010年3月15日、2011年3月7日に行った。

36）例えば、別科、実科、夜間制等について、戦前期から採られた措置である。

37）安心院高校の聞き取り調査は、1999（平成11）年から数回にわたり、地域住民の集会や
学習会の折に行った。

38）安心院高校PTA・ほか『地域の子どもは地域で育てる』安心院高校、2005、参照。

39）宇佐市内には、県立宇佐高校（旧制宇佐中学校の後身）と同四日市高校（旧制宇佐高女
の後身）があり、大学進学実績において安心院高校を上回っていた。現在、この2校は新
たに宇佐高校として統合されている。

40）住民集会、学習会には筆者も相当回数参加したが、この参加が参与観察の機会になった
ことを記しておきたい。

41）以下は、安心院高校PTA・ほか、前掲書による。

42）安心院高校PTA・ほか、前掲書50頁。

43）主として青年期を対象とする中等教育については、20世紀以降、いわゆる庶民階層にも
拡張しようとする動きがあり、実業補習学校、青年訓練所などの設立を受け、戦前期には

青年学校が全国各地に設置された。戦後の新制高校発足に際しても可能な限りの青年層に後期中等教育をという教育思潮が濃厚であった。拙著『農村における後期中等教育の展開』学術出版会、2009、参照。

44）「平成23年度　学校要覧」京都府立網野高等学校、による。

45）「府立高校改革推進計画」京都府教育委員会、平成15年3月、参照。

46）間人分校は平成23年度から京都府が指定する「フロンティア高校支援事業」研究において「学校全体で推進する特別支援教育——キャリア教育の充実をめざして——」を課題に取り組んでいる。

47）以下、生徒及び教師の手記は分校が発行した公的広報による。

第六章　地域再興と教育の内発的改革
──課題・試行・展望──

　本研究の目的は、中山間地域に所在する小規模高校存続に関わる課題を素材に、地域再興の可能性を、「地域課題を共有・協議・協働しあう住民」形成が途切れなく循環する方途から探ることにある。高校の場合、相応に広範な地域社会が課題に関与しなければその維持・存続を含む課題は解決しない。「風前の灯」と化した地域の高校をなお維持・存続させるには当該地域社会に課題認識・将来展望・試行・実行・評価反省などの多様な自治・自助・自己決定能力を持つ住民が相応に必要になる。これらの住民が、専門職者としての教師や行政職員などと連携・協力することなくして小規模化する高校の維持はできない。逆に、こうした住民が現れ、高校を維持する課題を重要な契機として、中山間地域社会から消失し始めているリーダーやサブリーダーの形成があらためて持ち直されれば、地域再興の基礎作りが可能になる。

　以上の見解に立ち、終章として、この章では以下の点を中心にこれまでの記述を整理する。その上で、地域社会が維持してきた高校の「内発的改革」の過程と、そこにうごめく住民の課題認識や実験的試行に至る意思決定過程に、あらためて地域社会を再興する可能性を探って全体をまとめたいと思う。

1）教育課程編成上の工夫など、学校が地域社会と連携して内発的に行えることがらに関わる工夫とそこに生ずる課題
2）教育委員会やPTA、地場産業や企業などの外郭諸機関・団体などと連携する課題
3）住民自身が「内発的改革力」を形成する課題
4）住民の「内発的改革力」・行政・産業界などの連携と地域再興の試行・展望

第1節　中山間地域における地域再興の理念

　地域再興は、単に当該エリアの人口増加現象のみを指す概念ではない。もちろん人口増加は経済活動の増大、消費拡大、学校などの諸機関・施設等における賑わいなど、可視化できる「再興事象」に連動する。したがって人口増加は誰もが期待する地域再興の要件である。他方、地域再興についてさらに重要な意味は、当該人口が、どの一人においても福祉的状態で暮らし、年齢相応に発達し、自然やひと、地域社会との良好な関係を維持・循環しながら生涯を送ることが可能な「循環し永続する環境」条件を地域に創り出すことである。

　それらは、では、高校改革とどのように連動するのか、中山間地域における地域再興の理念から検討しよう。空き家、無縁墓、独居高齢世帯、生活難民、非活動的引きこもり高齢者……などが中山間地域に連綿と観察される今日、その再興にどれほどの理念が素描できるかと疑う向きも少なくない。こうした地域を維持・存続しようとする場合、コストのみ増大することも指摘される。放置ないし計画的「棄域」策をとるべきではないかという考えにも首肯すべき理由があろう。では、こうした見解に抗して地域再興を謳おうとする場合、どんな理念を掲げることが可能であろうか。理念を探る視点を素描してみよう。

　第一は、中山間地域の「荒廃」が高度経済成長期以降の所産であること、経済成長は、今後、地球の自然環境保護から見て多様な視点から見直しを迫られることである。地球規模の環境改善が、国際平和や国際経済交渉等と同等に重視されてきた現実がある。過去に逆走するのではないが「大量消費・環境汚染」に立脚する経済戦略を改革しようとするとき、多様な視点から中山間地域の暮らしと経済が、例えば「里山資本主義」[1]などの概念を駆使して再評価されようとしはじめていることである。

　第二は、人口集中を基礎に、集団や組織、施設や機関などが「大規模化」「規格化」することによる弊害の発生である。マス化、匿名化、無情化、機械化……のかなたに待機するのが「無責任化」であろう。先祖や親族のみでなく現存家族さえ桎梏に感じる社会事象があらわになりつつある。まして近隣や町内会はしがらみとしか感じられなくなる。それでも災害発生時は「緊急通報が不十分だった」「近隣の助けがなかった」と言い合う状況が生まれている。中山間地域が活況を帯びていた時代には考えられなかった事態である。

　第三に、先発世代や後発世代とだけでなく、同世代とも関わろうとしない「個民」が作る「無縁社会」が進行する現況である。ひとは先人たちの努力に感謝したり、子孫のために努力したりするとき、初めて心理的・社会的・精神的に発達を遂げることが出来る生き物である。現代社会においても、努力は賞賛されるが、多くは自己目的（自分だけの利益・権益）に終始する。この点からも、「市場原理」以外の社会生活原理、例えば「共生原理」が息づいていた中山間地域に学ぶ点があるのではあるまいか。

　さて、これらの視点に立った場合、中山間地域の再興にはどんな理念が想定されているであろうか。一つは、自然との循環可能な共生を基礎にした中山間地域経済の樹立である。二つめは、教育や福祉などの日常生活に密着した機関・施設・組織などを、小規模化に対応した総合型、マルチ型、よろず方式の組織やシステムの導入であろう。三つめが、「市場原理」と「共生原理」の調整ないしバランスの維持である。

　では、こうした理念を前面に出した場合、地域に所在する小規模高校の存続にはどんな意義があるか。

第2節　教育課程編成上の課題と試行

　先ず、中山間地域の小規模高校の存続を目的に、学校や教職員及び地域社会が主として行っている活動についてまとめたい。

　前章で紹介したように、小規模化する高校の存続を目標に据える場合、当該高校の魅力や特色を「教育課程」に表現しようとする事例が多い。そこには、特色を持たせて地元出身生徒の他地域高校への「流出」を防ぐこと、地元外出身生徒を取り込もうとすること、の2つの戦略的意図がある。同時に、この意図を実現するうえで欠かせない条件として、学級数に応じた定員通りの教員による「特色ある教育課程」編成努力、地域在住知識人等の協力を引き出す努力、の2つの努力が学校や地域社会に要請される。では、こうした要請に学校や地域社会はどのように対応しているであろうか。

　教育制度としての生徒の高校在籍期間は、原則的に3年（全日制）ないし4年（定時制等）である。どの高校も、この就学期間を念頭に教育課程の編成にあたる。

　とは言え、在籍期間全体にわたる特色の創出は、打ち出す内容の選択・創造が

難しい課題である。制度として打ち出される学科やコースは、それ自体はどの高校にも適用されており、それだけでは特色にならない。では、何を特色として検討しているであろうか。

一つは、京都府立網野高校間人分校の事例である。この分校は、生徒が減少する過程で、他地域からの入学生を受け入れる形で、中学生期まで不登校など、「学校適応困難」であった生徒を受容・指導し卒業させることを地味ではあるが特色として打ち出す。生徒は分校入学を重要な契機として高校生活に馴染む努力を続ける。「他人に知られたくないような現状を含めて、自分の丸ごとが容認される高校」だからこそ、これを契機に励んでみようかという気になるのである。こうして、学年の進行につれ、府定時制高校体育大会などではかなりの好成績を残すように、「目標のある高校生活」に漸次切り替えて行く姿が垣間見られる。筆者が聞き取りに訪ねた折、高校前の停流所で筆者と共に一人の生徒がバスを降りたことにつては事例で触れた。事情があり、定刻に後れて登校したのだが、生徒はそのまま教室に向かった。一般の高校のようなペナルティーはない。生徒の現況に即して指導の内容・方法を工夫することから、生徒が昇降口に入る姿には、休まないで登校したのだという自分に対する凛とした「肯定感」が漂っているように見えた。「そんな指導では生徒の我儘を助長するのではないか」という見方もあろうが、間人分校の場合、生徒が、「我儘」な態度をとることはなく、一般社会の良識や校則を受け容れ、従うようになる。

こうして、間人分校は、今では地域や京都府全体において必要性が容認され維持される高校になったのである。生徒への対応において、公立でこうした内容を特色とする高校は、今日、全国各都道府県に１校以上は設置されている。大半は県庁所在地など都市部に所在するが、この点で、間人分校は、「分校」であることによって地域社会とのつながりを持ちながら、都鄙を問わずにどの地域から来る生徒をも受容する点で多様な生徒の「受け皿」を特色として出すのである。

二つめは島根県立矢上高校の場合である。制度上は２学級募集であるが、これを３つのコースに細分して履修させる教育課程編成を試みる点に特色がある。さらに、普通コースを選択した場合でも、５教科を課される国公立大学進学系と、２~３教科のみ課される私立大学進学系、またＡＯ入試を行う大学や、専門学校等への進学を目指すコースも同じ教室に同居しながら、いわば個別指導を受ける授業形態が試行される。

　こうした方法は、一見、教室の統制を失うように見られるかもしれない。しかし、生徒は、一人の教師が多様な進路を選択する生徒集団に机間指導して回るチャンスを最大限活用して自発的に学習する態度と方法を習得し、先ず自学自習の習慣を身につけるのである。これは、生徒の自発性を育てることによって成立する授業づくりであり、国語科指導の実践者として広く知られる大村はま氏の授業方法に通じる面がある[2]。教育課程と並行して授業にも触れるなら、大分県立安心院高校の場合も、矢上高校の授業と同じ方法を創出し、2学級3コース制を実施することについては事例の通りである。

　これらの試行は、生徒による学習方法の改善を大前提にしている。「自学自習」「独自学習」などの言葉がふさわしいような、生徒の自発性が鍛えられていなければ採用できない授業方法である。その意味では、1950〜1960年代にかけて群馬県の島小学校を舞台に授業方法の改善に取り組んだ斉藤喜博氏の授業論[3]が中山間地域の小規模高校で自覚した教師集団によって再評価されている側面がある。教師たちは、直面する生徒や教育制度の現実において「どうしたら解決できるのか」を討論しながら、小規模の高校とそこに一抹の希望を抱いて入学してくる生徒たちの学力向上をはじめとする心身の発達にとって最善と考えられる方法を編み出してきたのである。教師集団のこうした姿勢は、「自発的な側面」と「地域住民からの要請」の2つが重なって生まれた姿勢である。教員には、多くの職業一般と同様に、法令に課された仕事のみをそつなくこなせば済む面（構造的役割＝ルーチンワーク）がある。同時に、直面する問題や課題から自己の知性・感性が触発され、ルーチンワークを超えた活動（人格的役割＝自発的創造業務）に精力を注ぐ場合も生まれる。聞き取りによれば、中山間地域に赴任する教員の多くにおいて、最初は、教員生活のいずれかの過程で義務として課される「へき地△年勤務」を早いうちに終えたいという個人的都合による意識がある。しかし、その赴任先で直面する課題、即ち、この生徒たちにどうにかして実力をつけ、志望を叶えさせてあげたいという課題に次第に突き動かされるのである。この触発を決定的にするのが、日々接する生徒であり、その保護者であり、地域住民である。こうした人々をいわば「重要な他者」として、「教員」が「教師」へと変容したとき生まれるのが、生徒と地域にとって最善の教育課程を編成する使命感を帯びた教師たちである。

　矢上高校の最近時の情報によれば、毎年約100人の卒業生を送り出すが、平成

24年〜26年度の３年間の大学進学先として、島根、鳥取、広島、山口、京都、奈良女子、九州、熊本、宮崎、静岡、東京学芸、の各国立大学に１名以上の合格者を出している。この生徒たちは「進学培養」されたのでなく、一般の生徒と同じ教室で学んだのである。教育課程改善と使命感を強くした教師が指導に当たった結果であることを明記してよいであろう。

　教師集団のこの姿勢は、日々の教育活動において、生徒指導などでも発揮される。節を変えて検討しよう。

第３節　生徒の活動・生徒指導等における課題と試行

　高校段階になると、生徒の発達は急速に成人の域に近づく。高校生は指導や見守りが不要になるわけではないが、自主性や主体性を尊重して育成すれば相応に活動のほぼ全容を委ねることもできる。この点を活用して、生徒会や生徒各個人の自主的参加による課外諸活動が広く試みられるのである。高校におけるこうした取り組みは、一つには当該高校の存在を地域社会にアピールしようとする戦略的意図による。他方、二つには活動に参加する当該生徒の心理的・社会的発達、延いては精神的発達を促す教育的配慮も潜在する。

　では、そこではどんな工夫が見られ、どんな効果を上げているであろうか。事例に紹介した高校は、どの高校もすべて生徒の学校内外における「社会参加」を自覚的に導入し、その効果を学習指導にも活用している。

　長野県立蘇南高校の場合、地域行事として伝統化した「三つ葉つつじ祭」に生徒は地域住民が行う清掃活動や当日の出店などに一定の役割を持って参加している。住民の話によれば、ここで生徒と行う会話が、生徒には地域の大人の願い（地域継承など）や祈り（自然への感謝と畏れ）などに気付く有効なチャンスである。住民は、教師や保護者と異なり、生徒にとっては直接的関係を結んでいない第三者である。その住民と、地域行事の挙行という目標に沿って一日限りではあるが関係を築くのである。成人した場合の人間関係には毎日のように繰り返されるこうした関係を、いつの間にか築くことが出来るようになる指導を、学校が公認する地域参加を通して体験することになる。

　そこでは当然、他者一般に対する社会的態度の学習が伴う。同時に、時間の経過によって、会話したり物品の販売・購入などで関わったりする地域住民と次第

に打ち解けあい、理解・了解し合える関係が生まれる。こうしたニュアンスも生徒にとって貴重な体験になる。相手と話すことが出来た自分がおり、相手の要請に応えることが出来た自分がおり、相手が自分の行為に賞賛や喜びを持って接することをも体験する。地域社会との交流は、突き詰めれば地域住民との交流であり、さらに突き詰めるなら、それは、地域社会に暮らす人々の心身の広範な側面との出会いである。この出会いは、それまでの生育過程で成してきた生徒の個別経験に接合し、多様な相互作用を導く。ある生徒は、「ありがとう」等の感謝の言葉を聞いて、わが身に初めてともいえる自信が湧き出すのを感知する。またある生徒は、自分にできる活動に気付き、相手のニーズに気付いて態度や行動を採ることが他者と自然にうまく繋がることを感知し、他者との関係づくりの基礎を学習する。さらにまたある生徒は、協働や協力とは何を指す概念であるか、説明のための論理というよりも、体験から感知して学習する感性を習得する。これらは、日々の校内生徒会活動や部活動などと相通じる面を持つと同時に、それらとは異なる側面、つまり、年長の、現実原則の社会に生きる人たちとの交流であるからこそ学べる意味も展開するのである。

　もちろん、こうした活動は、中山間地域の高校に限らず、一般に可能であろう。だが、筆者が観察する限り、一般のそうした体験の場合、多人数の生徒をある程度「機械的」に動かさなければならない事態が生じ、協力する地域の人々の対応などにおいて、必ずしも「自然体」であるとは限らなくなる。類似の体験はするが、現実原則が息づく暮らしの展開過程に自然な形で生徒が溶け込むことがなかなかできない現実があるのである。この点で、事例に記した高校の場合、それが小規模であるがゆえに「機械的」にではなく「自然体」で住民との交流体験ができるのである。ここに、中山間地域の高校に通う生徒が味わう体験の特徴がある。

　他方、生徒数が少ないことによる制約も当然ながら発生する。教師や保護者が最も重ねて語るのは「集団で行うスポーツ活動が困難」なことである。中高一貫教育校の場合は中学校との連携が可能であるが、それでも年齢差があって、体力的・技術的に乗り越えにくい壁があることは否めない。野球については地元の成人チームとの同好会結成の試みもあるが、生徒と成人の間に横たわる時間の調整に困難が付きまとう。高校によっては、個人プレイが中心になる卓球や体操、格闘技などに力を入れる向きもある。とはいえ、スポーツ系の部活動が制限されがちな点については、十分には乗り越えていない。

第4節　外部諸団体・組織や企業などとの連携上の課題と試行

　中山間地域に所在する高校の多くは、設置以後数十年にわたって「地元で養成した人材を主として地元外に送り出す装置」として機能した。今日、過疎化が進行する事態において、これを「地元の人材を地元に残す装置」に切り替えようとする教育政策が展開し始める。とはいえ、この転換は教育政策のみでは実現することが出来ず、地場産業の育成や住民の意識改革など、より広範な社会情勢の改革と密接な連携が必要になる。

　では、実効性のあるこうした具体的連携はどのようにして創出されるであろうか。事例を鳥瞰して気付くのは、地域関係者、保護者などが学校組織、教師集団などとどこまで高い水準でチーム連携するかがポイントになることである。見方によっては、こうした連携は「学校側から地域に対して依頼すべき要請」として映るであろう。一般にはその通りである。しかし、見方を変えると違った映り方になる。当該地域に当該高校があり、そこで教育が展開することによって、直接的に利益に浴するのは当該地域の生徒たちである。地域は、必ずしも十分な教育条件を具備していない校舎やグランド、学校施設や設備を前提に、赴任してくる教師たちに教育を委ねるわけである。「見た通りの学校施設・設備ですが……」「見た通りの生徒たちですが……」というスタンスに立てば、連携は「地域住民や保護者の側から学校や教師集団に対して依頼すべき要請」として映ることになる。

　これはどちらのスタンスに立たなければならないという性質の問題ではない。重要なのは、双方に相手側に対する敬意と信頼の姿勢が見られるかどうかである。両者がそうしたスタンスに立つ場合、学校は地域の社会関係資本や社会資源をスムーズに活用することが可能になり、その成果は直接生徒に反映する。また、地域住民や保護者がそうしたスタンスに立つ場合、「県立高校なのだから、すべて県費で負担すべきだ」とする態度はかなり調整される。高校の存続問題に関して、双方に厳しいやり取りや駆け引きが行われる現実を、筆者は幾例も見ているが、そこではしばしば「紛糾」もみられる。しかし、紛糾からは生産的な結論は導きにくい。県費、即ち公共財をどのように配分・活用するかが問われているのであり、公平性と公正性がともに求められる厳しくも難しい課題である。

　では、地域の社会関係資本や社会資源は、地域の後期中等教育段階の生徒の教

育や進路選択という課題に立った場合、具体的には何を指すであろうか。

　先ず、ハード・ソフト両面の性質を持つ後援会、同窓会（卒業生会）、PTA な
どの外郭団体がある。こうした団体・組織は、場合によっては名目だけのことが
あり、会長などの役職も、名誉職にすぎない場合がある。この場合は、社会資源
としては実質的に機能しないことが多い。学校が、それでもこうした団体などの
役員にあいさつ回りするのは、積極的意味における「支援」が得られるからでは
なく、「横やり」を入れられないようにと言う意味が大きくなる。これでは地域
による学校支援にはならない。同窓会等が本格的に地域の高校存続支援を志すな
ら、安心院高校に見たように、これらの外郭団体が「自己課題」として高校存続
を支える活動を展開しなければならない。安心院の場合はこうした外郭団体がほ
ぼ全面的にフル活動し、しかも、団体間の主導権争いが起きないように、全体を
「E ネット」という新たなシステムに統合して活動する仕組みを組織している。
この組織化に重要な役割をはたしたのが現役 PTA 会長及び役員であった。どの
団体がまとめ役になるのがよいかについて、定式はない。その時点で指導力を発
揮できる人がリーダーシップを執るか否かにかかってくる。

　次に、地域に在住する知識人、文化人、学識経験者などである。これらの人物
には、学校の外から知的文化的な情報を提供する役割、懸案になる問題や課題に
ついて住民にわかりやすく解釈し伝達・指導する役割、県や県教育委員会などの
行政部局との交渉の折にシンクタンク的役割を担うことなどが期待される。地域
には、こうした知識人・文化人が相応に暮らしている。問題は、これらの人々が、
地域の高校存続などの地域課題に関心を持って参加するか否かである。中には、
こうした地域課題にほとんど関心を示さず、ただ自己目的化した「知的・文化的
活動」を満たすだけの人もいないわけではない。こうした人たちを文字通り社会
資源として活かせるかどうかは、当人が知的活動を地域の諸課題に向けて活用し
ようとするスタンスに立つ経験をどの程度もっているかがカギになる。この意味
で、学習の成果を社会に還元する意味と意義について、年少時からの教育・学習
が重要になる。

　只見高校の場合、町の教育長自身が高校の存続に期待し、筆者の訪問時に、「本
校から医学部に進学する生徒が出る水準までやりますよ」と語っていたことが印
象的である。この言葉には人口減少に伴う無医村化を防ごうとする気迫が感知さ
れたところである。

　教育行政のトップ責任者の意向が伝わってか、只見高校の最新情報によれば、平成26年度卒業生32名の中に、東北大医学部と福島県立医科大、自治医科大の看護学科に各１名の進学者が現れている。地域の課題を地元の高校で学べばこそ感知したということであろうか。

　さらに、地域に所在する企業・事業所などの教育への連携・参加がどの程度可能であるか否かが、中山間地の高校存続にとっては大きなポイントである。企業や事業所の教育連携・参加は、もちろん学校のふだんの教育活動にあれこれ注文を付けるという意味ではない。卒業後の生徒の就職と、そこで求められる社会人・職業人としての知的水準やモラルなどについて、現実社会の期待や状況を示す存在として位置づけることが重要である。蘇南高校の場合、地元の企業が蘇南高校を指定して採用する旨語っていたが、「車に使うネジを求められた規格に即して間違いなく作るには、集中力と誠実さが必要です」という。地元の高校にはそうした生徒を育ててほしい旨、折に触れて語っているのである。

　学校がこのような要請ないし依頼を考慮して指導した場合、生徒の職業選択に一定の「思慮ある判断と意思決定」が根付きやすくなる。事例の高校は大半が就職希望生についてはほぼ全員の就職が叶えられるように指導している。その場合、「どこでもよい」のではなく「優良企業」「優良事業所」への就職を遂げている。倒産した場合やブラック紛いの企業であった場合を高校はじっくり見据え、生徒の選択眼を相応に磨いているのである。インターンシップもそのために活かされる。

第５節　教員組織・教員研修等の課題と試行

　教育を直接担う教員が学校やそこに学ぶ生徒に及ぼす影響は、一般に他と比較にならないほど大きい。同窓会名簿に「恩師らん」があるのはほぼ常識である。古くは「仰げば尊し」が卒業式歌の定番であった。教師は、教科指導の専門職であるのみでなく、生徒指導全般にわたって生徒と接触し、場合によっては生徒の家族とも接触し、さらに場合によっては医療機関や児童相談所、警察署などとも関与する。また、就職先に伴ったりもしている。こうして、教室をはじめとする学校の内側のみでなく校外における関わりも含め、生徒は、卒業後も加齢とともに教師への「想い」を深め「恩」を感じていく場合が生まれるのである。

　しかし、他方、教員は公立高校の場合、府県を範域とする「渡り鳥」の側面を持つ。同一校に定年まで勤務する私学の場合と異なるのである。勢い、研修目標は当面する生徒の学力向上に焦点化され、「地域再興」に視点を置く研修はほとんど見られない現実がある。では、こうした状況をどのように乗り越えることが出来るであろうか。試論を展開してみよう。

　教員の中でも、管理職教員の多くは、筆者が感知する限り「地域再興」に一定程度の理解を示す。管理職教員の場合、地域の高校勤務年数は一般教員よりさらに短いことが多い。それでも、先ず、地域連携の前面に立たなくてはならない構造的役割がある。学校が所在する地域の市町村長、教育長や行政部局の幹部職員、地域の名士たち、生徒の教育に連携・活用することになる地域の諸社会資源、社会資本の責任ある地位者、同窓会やPTA役員など、多様な関係者と知己になることが職務遂行上に求められるのである。この過程で度重ねて話題に上り聞かされる事柄の一つが「地域再興」である。

　一般の教員の場合は、赴任の初めからこうした関係者と知己になるわけではない。一般の教員の場合は、生徒及びその保護者との関係が、次第に「地域再興」を自覚させていく。例えば、生徒の進路はもちろんであるが、当該生徒の弟妹の高校進学を巡って家族に「地元高校がよいか、地元外高校がよいか」と迷走する課題があるのを知ったり、小売店経営がかなり行き詰まっている家庭の生徒の実態に遭遇したりする。生徒が抱える不安を「地域住民の生活課題に根付く問題」であると認識していくのである。こうして、生徒の知的覚醒はもとより、センチメントなどこころの揺らぎまでを視野に入れ、教育に当たらなければならない自分の責任に気付くわけである。

　こうした状況下、教師たちは、個人で、あるいはグループで、さらには学校単位、組合単位などの教師集団として、またさらには教育委員会主催事業などを通して、自覚的な研修を重ねることになる。学生の時点では教員免許状を取得する目的や、教員採用試験に合格する目的等を主としていた学びのスタンスが、ここで大きく変わっていく。私立の高校教員には全体として「生徒や保護者に選択される高校でなければ、自分たちの存在意義が薄らぐ」とでもいうべき危機意識が漂いがちである。公立高校の場合、この点では身分上の保障があり、状況は異なる。しかし、出会った生徒やその保護者との間に「自らを動かす出会い」があるのを感知する教員の場合、感知した事柄を巡って、研修に拍車のかかることがあ

る。もちろん、すべての教員にこうしたこころの出来事が生まれるわけではない。しかし、仮にも数名の教員にこうした事態が生まれ、一種の使命感として成熟すれば、それは同僚や研修仲間や友人の間に少しずつ広がり、生徒や地域が抱える課題への、ルーチンワークを超える関与が生じる。

　例えば、只見高校の場合、寮の舎監が寮に帰った後の生徒の学習の世話をする活動がその事例である。また、矢上高校に、停年まで、生徒の指導のみでなく、地域住民にも農業技術を広範に指導する農業科教員がおり、この教員は地元ではよく知られる存在であった。また、外郭団体との連携過程において、安心院高校の教師集団が、「高校が不夜城のようになったね」と言われるほどに、夜遅くまで研修する状況が現れたことも数えられてよいであろう。もちろん、そのままストレートに労働基準法を無視する状態になることを称賛するわけではない。問われるのは「教員」が使命感に突き動かされた「教師」として自覚的に生徒や地域に関わる状態へと意識改革するか否かである。

　教師集団のこうした姿勢は、直接的には生徒の学習に影響することであるが、より大きな効果は、生徒が成人した後に、自分のライフコースを形成する過程において発揮される。例えば、ルーチンワークや私益を優先する意識のみでなく、社会全体の、とりわけ弱い立場や陰に隠れがちな立場の人々を含む公益を重要視し、人格的な自覚を伴う使命を尽くそうとする態度の形成に預ることなどである。明治維新以降の近・現代史はまだわずか150年弱である。その今日の日本において、公益を重視する態度や、新しい仕組みの開発に私財を投じた人たちの使命などをよそに、単に私益や名誉ある地位にのみ関心を注ぎ、公益や真にボランタリーな活動などに努める人達を軽んじる風潮がみなぎっていないであろうか。冒頭に記した宮沢賢治や神谷美恵子のように、「多様な問題を沢山帯びる一般大衆的状況」にあえて身を置き、そこに自分の果たすべき使命を感知しようとする態度、これこそが、今、日本において求められる人間像、したがってまた教育の一つの理念ではないのか。この意味で、「難関大学」に進学しようとする生徒も「地元で就職」しようとする生徒もともに同じ高校、同じ教室で学ぶことは、中山間地域の高校の重要な存在意義の一つであると言えよう。この点については、あらためて最終節で触れたい。

第6節　地域住民が「内発的改革力」を形成する課題と実践

　「内発的改革力」という点から見れば、住民にどんな資質が形成されるかは「地域再興」を大きく左右する。近時の例では、「3.11」以後の東日本震災復興はもちろん、中越地震後の新潟県「山古志村」の再興が挙げられよう[4]。少しさかのぼれば、岩手県の沢内村（生命尊重行政）や大分県の大山町（農協主導農業改革による農家所得の増大）などもそうである[5]。共通するのは住民の「地域形成主体意識」の向上と具体的方法の試行である。先進的事例の存在にもかかわらず、それが容易に浸透・展開しないのは、意識変容、方法の創出、リスクを含む試行、試行の累積と効果の分析、実施（実践）などの過程で十分な資質形成が机上の論議以上に困難だからであろう。

　では、必要な資質の形成を通して「内発的改革力」を生み出し、実効性のある「地域再興」を実現するにはどんな課題を克服したらよいであろうか。

　あらためて「地域再興」の意味を探ってみよう。それはいろいろな意味合いで使用される用語であるが、本稿では高度経済成長期まで継続していた中山間地域の、相応に「循環が可能な地域組織」とそれらを基盤にした相応に「循環が可能な家族や諸個人の暮らし」を再構成することを指すこととして使用している。それは、必ずしも旧時の姿と同じ内容を復活することではない。例えば「循環が可能な地域組織」は商店（街）や消防団、医療機関や福祉施設など、住民が当該地域で暮らす場合に必要条件になる社会資本である。商店街が消滅し、1軒の商店もなくなれば、住民は「買物難民化」し、暮らし続けることが困難になる。消防や警察もそうである。医療や福祉も、「絶対健康体」でない限り暮らしに必要不可欠である。同じ文脈で、教育機関も数え上げられる。したがって、その経済効果を無視することが出来れば、人口減少地域にも、規模こそ縮小すれ、そうした社会資本を残せばよいことになる。ただ、そこに、対投資効果という見方が導入されると、それらは人件費や建造物維持費などの点から、「重荷」となり、「市場原理」にしたがって廃止政策の俎上に載るのである。これを防ぐ方途の一つが、中山間地域の場合、一人が複数の役割を担うマルチ型就業の導入である。小規模の学校である場合、中学校教員が小学校や高校の免許資格を持つなら、そちらにも関与することである。保健師が学校保健にもかかわることである。もちろん、各種の法令に抵触しない範囲においてということになるが。

　だが、こうした手法はまだほとんど見られないままである。声高に叫ばれるのは「地域再興」には人口増加政策が必要だということのみである。そこで問われるのが、人口を維持するための雇用の創出や、雇用を生み出す企業誘致ないし新規に可能な事業を起業として始める方法の開発などである。それは十分意味のある方途であるが、少子化する今日、それは必然的に若い人口の奪い合いを生み、「勝ち組」と「負け組」を結果することになる。

　ところで、「もし、人口1000人の国であったなら……？」と発想すると、わずか千人の人口で諸種の分業が必要になり、雇用は即座に不足する。これは、人口の規模に左右されることなく各地域に統治上の独立性を持たせてはどうかという発想を生み出す。しかし、「市場原理」が貫徹された場合、それは政治・経済・社会・文化などが密接に構造化する今日の先進資本主義国においては単なる夢物語として廃棄される。

　とはいえ、地域社会に「内発的改革力」が生じ展開するには、当該地域に統治（政治や行政）上、ある程度の自立性が必要である。いわゆる「平成の大合併」は、この点で当該地域に潜在していた「内発的改革力」を減退させる要因になったきらいがある。単に周辺地域の人口が減少したというに留まらず、リーダーシップを発揮しようとする人たちが現れにくくなるのである。かつて、農村部に設置された中等学校の多くは「郡立」の学校として発足している。郡制度が行政上息づいていたころは郡議会があり、そこでは郡内の青年を後継者に育成する教育が議論されていた。郡制が廃止され、市制町村制は存続するが全体的傾向として「広域化」が進み、かつては盛んに論じられた当該地域の若者の教育が、次第に学校任せになり、教育行政任せになる。かつて、郡段階より下位段階の「昭和の大合併」以前の旧町村では、村に実業補習学校の創設を巡って自助努力を重ねていた。こうした自助能力が地域社会から消えるか否かの瀬戸際に立つのが21世紀序盤の今日である。

　では、「昭和の大合併」「平成の大合併」など、行政機構の広域化は、なぜ地域社会からリーダー的存在者を後退させるのか。住民に潜在する個人的資質が減退することは一般に考えにくい。とすれば、それは、住民から地域の自治的課題に参加する機会が、統治範囲の広域化によって減少することと関連付けて検討するのが妥当であろう。行政職員の減少はもとより、町村長や町村議会議員、校区単位の自治組織や消防・警防組織、青年や女性などの諸団体、PTAや小地域のボ

ランティア団体などが制度的に統合消滅したり解散したりする過程で、住民に地域課題の認識が弱まり、地域で課題を解決しようとする意欲が弱くなる。

　こうしてみると、一般に、住民の間に創り出すべき「関わり合いと関係構成」「目標の設定と企画・計画」「住民参加の要請」「参加を通した生涯学習と意識変容」などの過程がふさがれる状況が今日の中山間地域に蔓延し始めていることが理解できるところである。

　では、この蔓延し始めた状況をどのようにして打開することが出来るであろうか。

第7節　社会資本としての地域所在高校の存在意義

　結論を先取りすれば、中山間地域に所在する小規模高校の存続は、当該地域にとってはもちろん、日本社会全体にとっても「人格を育成する社会資本」である。あえて「人材を育成する社会資本」と言わないのには理由がある。人材の育成はもちろん重要な課題である。学校制度を主軸にした教育行政の目的の大部分はこの点にあると言っても過言ではない。では何故「人材」という前に「人格」を問うのか。それは、哲学的・倫理学的意味合いでというよりも、社会学的意味合いにおいて、中山間地域の高校存続には「人格を育成する」側面が濃厚に付きまとうからである。

　記載した事例のどの一つにも、教育に直接携わる教員のみでなく、教育行政関係者、生徒の保護者、地域の指導的役割の人々、地域の一般住民など、かなり広範な人々に、話し合い、議論、学習会、労力の提供、アイディアの提供、金銭を含む資材や私財の提供……など、課題を共有し、方法を探り、リスクも負いながら意思決定していく過程が見られる。こうした意思決定過程は、市場の商品を購入する過程とは性質の異なる過程である。地域社会の今後の見通し、地域の在り方などに関する学習や意見交換、教育行政との交渉、理解を広げるための住民への啓発など、どの一つも、自らを鍛える、その意味で「人格」の発達を促す根源的要因である。こうした課題を目前にすることなく、近代社会が容認する私益の実現にのみ徹した場合、ひとは地域課題をどれほど自覚的に学習するであろうか。

　この意思決定過程は、単に教育行政との交渉だけに終わらない。それは、地域内部に、何故「地元の高校を選択するのか」について説明し、議論し、相互に納

得し合う過程を必要とするからである。「市場原理」で動こうとする場面に「共生原理」が伴うのである。地域に高校を存続させようとすれば、大多数の地元の生徒がそこに進学するのでなければ意味が無い。それゆえに、先ずは当該地域、つまり地元の意思決定が問われるのである。また、その意思決定の浸透度に関して、どの府県教育委員会も「地元中学校卒業生の入学比率が50%を割る状況が継続した場合は廃校もあり得る」とするのである。

そうなると、少なくとも「半信半疑でとりあえず地元の高校を選択した」生徒とその保護者から、学校及び教員は、出口つまり卒業時点で「地元の高校を選択して正解だった」という回答を引き出さなければならなくなる。事例のどの高校も、教員がルーチンワークを越えて文字通り熱心に指導に当たる姿を彷彿とさせた理由はここにある。中山間地域の高校の存続をかけた期待が、「教員」を「教師」にしていくのである。卒業生の多くも、指導を受けた教員に対し、単に「先生」としてだけではなく「恩師」として受け止めるのである。それは同時に教員のライフコース形成過程においても重要なポイントになる。「教員稼業」ではなく「教師使命」を果たそうとするライフコースに転換する可能性を大きくするからである。

この過程で、存続を主張した指導的役割の住民に、主張した内容に対して責任を持つ習慣が生まれる。それは、地域で学齢期を迎える子どもたちに対しても、言動については幾分かの責任を感知するところまで人格的発達を促す。安心院高校のPTA会長で、高校存続に尽力する荒金賢治は「いい加減な服装で登校しようとする生徒を見た時はナ、わしゃ怒こりよるんヨ！」という。それは、生徒を私的感情で叱っているのではなく、安心院の生徒を人間として育て上げたいとする義憤によるものである。よくないことを見ぬふりする大人が多い中、地域の課題を自覚すればこその態度であり行動である。正論を吐くも、実行は他人任せというのではない状況が当該地域に少しずつ生まれていることは確かである。

地場産業にとっても、地域の高校存続は重要な社会資本である。何よりも人材確保という点で地元に高校があれば、それは地場産業にとって有意義である。だが、それだけに尽きない他の意味がある。ネジ製造企業が毎年のように蘇南高校から地元の生徒を正規雇用することとその背景については事例に触れたが、中小企業にとって、どんな人材を採用したいかについて高校と直接話し合うことが出来るチャンスはさほど大きくないであろう。地元の小規模高校であればこそそれ

が実現できるわけである。製品を納入した親会社から「出来栄えがよい」と評価されてこそ地元企業が循環継続するのであり、それは中山間地域にとっても雇用の創出という点から重要である。地元企業と地元高校とは互いに社会関係資本になるのである。

　もう一つ、地元高校が生徒にとっても社会関係資本になる事実を指摘することが出来る。地元に高校があるから遠距離通学しないで済むという点ももちろんであるが、より重要なのは、多感な思春期後半の年齢で「多様な地域社会の課題」と「多様な進路を希望する仲間」に出会い、さらに、高校存続を目標に、地元のリーダーや住民一般、単なる「教員」としてのルーチンワークではなく熱心に指導する「教師」との出会いがあるのである。それは、生徒のその後の生涯学習において次のような自我形成に結びつく。

　ひとは学校卒業以後、多かれ少なかれ、自分とは異なる生活世界を構成する多様な人々と関わりを持つ。ここで、思春期後半までをどのように自我形成したかが問われることになる。例えば、医師として地域医療に関与する場合や、第Ⅰ種国家公務員試験に合格して中央省庁の官僚になった場合、あるいは司法試験に合格して検察官になる例でもよいが、それらの職業で関わる対象には、かなりの部分、生活困窮者や発達上に課題を持つ人、筋道の理解が困難な人などが相当数含まれる。こうした関与において、人格的に良好な態度と行動が貫かれるか否かは、当人自身にとってと言うよりも、困窮を抱えた人々にとって死活問題である。問われるのは、権限を持つ高度技術者・官僚等の地位に立つ人たちの「社会性」であり、より厳密に言えば「共感力」である。職業資格においては十分な能力を持つも、相手に共感する力という点で不十分な「地位ある人」がたち現れる日本の現状こそ問題ではないであろうか。こうなる理由の一つが、思春期までの成育歴に「多様な人々」との交流が無いまま成人するコースが出来上がっている点を挙げてよいであろう。格差化する日本社会において、思春期後半までにどんな格差状況に接し、何を考えたかは、各人の自我形成にとって重要なポイントである。この点で、多様な仲間と接触しながら地域の課題も学習する中山間地域の「地元高校」は、そこで学ぶ生徒にとって社会関係資本なのである。既述したように、只見高校に、「無医村にしてはならない」という教育長の思いが伝わったかのように医学部進学者が現れたが、この点を象徴する一例であるように思われる。

　また、日々の高校生生活の過程で、保護者や地域の大人たち、教師や教育行政

担当者などが学校の存続について話し合ったり、資金調達に奔走したりする姿に接することは、「問題・課題に立ち向かう」人たちの後ろ姿をモデルとして学習する機会になる。この意味でも、中山間地域の高校は生徒にとって社会関係資本である。

　今日、こうして自我形成した人たちが少なくなり、だれか遠い存在者による意思決定に機械的に従うことを中心に生活する国民がさらに増大した場合、「経済力」「国力」とも「人格」という人間的能力の乏しさを遠因に破綻してしまうに違いない。

第8節　教育を視点に据えた地域再興の試行と展望

　地域再興は現に各地で取り組まれ試行されている。顕著な事例は「△でむら（まち）起こし」等のキャッチフレーズによってマスメディアの情報源になる。とはいえ、この「△」に「教育」が入る事例は殆ど見られないままである。

　しかし、検討を深めた場合、地域再興は教育を抜きには実現しないと言うも過言でない現実がある。「市場原理」を基本にする現実の社会において、その先行きを見通しにくい中山間地域にあえて起業し、雇用を開拓し、住民組織を支え、その活動を活性化して地域に「躍動感」をもたらそうとするのであれば、それらひとつ一つの企画・運営・実行・評価・反省などに十分な自覚と意思ないし意志が貫かれていなければならない。この意思や意志こそ、地域・家庭・学校などのすべてにおいて行われる教育の所産である。教育に問題があればこうした意思や意志は多くの住民に湧き出さなくなる。逆に、そうした意思や意志がみなぎり自ずと湧き出るような地域・家庭・学校であれば、若い年代にそうした感性と、それに伴う知性を育て、自助・自発しようとする意欲を湛えた人格の形成が可能になるのである。

　「人格形成」は、社会科学の世界では、哲学的・文学的ベールに包まれた「解き明かしようのない課題」と見られる傾向がある。しかし、時代は既に21世紀である。人格上に問題のある人物を政治の重要ポストに選んだ結果、独裁体制や世界戦争が発生した事実を20世紀の精神分析学界が指摘した点に学ぶべきである。国民、住民、公民、市民、大衆など、どの語で呼ぶかはさておき、多くの人々一般がどのように人格形成し、どんな人格の持ち主に意思決定権を委ねるかは、民

主主義を維持する社会において重要である。それは、多くの人々一般における①
「当該個人の人格形成（自己形成）」、②「意思決定権を委ねる相手の人格（選択）」、
③「意見調整としての社会参加（評価反省）」という三点から検討することが出
来ると思われるが、どの一点についても、そこに「教育」が関わっている事実が
ある。

　本研究の第三章にひとの発達過程に関する記述を設定したのは、地域再興とい
う住民の活動が深い次元で人格形成に関わる教育と分かちがたく結びついている
ことを示そうとしたからである。この点に立ち返ると、近代以後の日本の教育は、
上級学校に至るほど「知識・技術」に傾倒し、感性や社会性、さらには精神的・
実存的自己などについて等閑にしたきらいがある。国家的・社会的人材の育成に
力点が置かれたからであろうが、そこでは人材として昇格することを中心に人生
を評価しようとする各個人のライフコースが展開した。こうして、多くの人々一
般が、いつしか、「地方」よりも「中央」で、「家族や地域社会」よりも「国家」
を舞台に活躍する人材として自らを近づけようとしたのである。

　しかし、一方で、こうした人格形成の歩みに無視できない欠陥が生じたことに
対する認識も次第に深まる。公害の発生や精神疾患状態の増大、さらに地位も名
誉も獲得したが生きがいを喪失した人、重要ポストに居ながら意思決定を公益で
はなく自己感情によって決する人など、問題が多様に発生し蔓延する気配さえ出
現したのである。

　こうした現実に立って冷静に振り返ると、日本の近代初期、いわゆるエリート
としてライフコースを形成した人たちの多くは決して「エリート養成校という試
験管」の中で「純粋培養」されたのではなかった。学校が制度として整備される
過程で、次第に「純粋培養する学校ルート」が出来上がったのである。もちろん
個人的な性質が伴う人間について、一刀両断な物言いはできないが、「純粋培養
されたエリート」において、「多様な問題を多様に帯びる一般大衆的状況」を生
活世界として生きる人々が抱える問題についてほとんど関知しない例が生まれや
すくなったとまでは記してよいであろう。政治、経済、社会集団的状況にこうし
た事態が広がれば、それは格差を拡大し、社会的統合の困難な「乱れた社会」を
さえ生み出しかねない。その意味でも、中山間地の小規模高校のような存在は相
応に意味のある存在である。こうした学校で、法令に準じて配置された少人数の
教師たちが、生徒の将来設計を十分考え、学科の中にさらにコースを設定して指

導する姿に３年ないし４年間という年月、接するのである。生徒はその時点では「あ、、得をした、もうかった」という程度にしか受け止めないであろう。しかし、それは、長じて社会的に責任ある立場に立った時、他者貢献・社会貢献すべき自己に気付く重要な契機になる可能性を十分に帯びている。社会の成熟を求めるなら、教育の人材育成機能は、単に知識・技術を持つ「人材」の養成に留めず、他者や社会など公益に対して責任や使命を感知し得る「人格」の養成にも及ぶ必要がある。

　「人格」を育成しようとするとき、地域社会は、現に児童・生徒として学齢期にある子どもの教育に関心を持つと同時に、その関心を実現するために、自分たち成人が相応に話し合ったり協働し合ったりしなければならない現実を知ることになる。そこに生まれる諸活動が、住民の生涯学習を自覚させ、子どもにその「背中を見せる」機会を与えるのである。こうした年代間の教育・学習の循環が断ち切られた場合、社会は自己の損得や私情を中心とした企画・計画は持っても、公益に立つ公正な企画・計画を後退させてしまう。

　第一次産業従事者が比較的多い中山間地域の再興は、机上のデータのみで計画するよりもはるかに厳しい現実に直面している。2015年10月に大筋で合意したTPPであるが、検討過程で明らかになった資料によれば、日本の農業は近時の20年間に農家総所得が約半減し、耕作放棄地が約２倍になっている。併せて農業従事者の平均年齢は６歳以上高くなり、70歳を超える日が間近に迫っている。こうした状況で迎える地域再興である。「人口の呼び寄せ」「特産品開発」「出産奨励金授与」「観光資源の売り込み」……など、多様なアイディアが飛び交う。これらのアイディアを活用する上で、かつ、地域課題をより正確に把握し、再興意欲を高める意味において、思春期にある若い世代が地元の高校で学び、地域の課題を感知し認識しながら多様なライフコースを歩む力を習得する教育改革が求められることを記して終章を閉じよう。

註

　1）「里山資本主義」は藻谷浩介と NHK 広島取材班が使用した造語で、「マネー資本主義」の対語として使用されることが多い。批判する立場もあるが、近時広く知られた用語である。

2）大村はま『教えるということ』共文社、1979、ほか氏の著書を参照。

3）斉藤喜博『斉藤喜博全集』全18巻、国土社、1969〜1971参照。

4）山古志村の再興に特に尽力した人物として、村長の長島忠美が知られている。氏は、避難中の仮住まい全世帯を訪問して復興の段取りを語り、協力を得る手法を駆使し、結果的に、復興過程に意見対立などの大きな混乱が無かったといわれる。村が長岡市に編入された後は、その手法と信用が評価され、衆議院議員（自民）に当選、就任している。

5）沢内村（現在は西和賀町）で乳幼児死亡率ゼロ％を達成し、村立病院の創設に当たったのが村長の深沢晟雄である。他方、大山町の農業改革に尽力した重要人物として八幡治美が語られる。町長と農協組合長を兼職して地域をリードし、農家の所得水準を底上げしたほか、農産加工を逐次拡大して「大山ブランド」を開発する基礎を創った。

おわりに

　本稿は、近時、筆者が関心を寄せてきた「中山間地域」を再興する方途を素描したいという意志を、中山間地域になお若干存続する「地元高校」の、存続をかけた「高校教育改革」を素材にまとめたものである。研究の過程においては、中山間地域の高校再編に関心を持ち、地元紙などを中心に意見具申もしてきた。また、要請されれば、地域の学習会に参加して求められた問いにも答えてきた。生徒に対する指導方法についても教員やPTA役員などからの問いに対して「こうしては」「この方法で」などと具体的に手探りしてきたところである。筆者がこうした姿勢に立つのには理由がある。研究職の末席を汚しながらも、地域社会の実際に相応に関与してきたつもりの筆者には、「人文系研究者の発言には実践的実態（ないし臨床的実践）が伴わないことが意外に多い」という実感があるからである。

　こうして、参与観察する姿勢で研究に携わると、地域において、「課題を深く丁寧に検討する人々」と「課題の真意を理解しようとしない人々」の「温度差」が住民の意思決定を混乱させている事実に気づく。また、教育行政担当者においても、住民の意向を「尊重し丁寧に対応しようとする係官」と「ルーチン化した作業として進めているように見える係官」との間の「差異」に直面する。高校に限らず、中山間地域で後退する社会資本を「自然な成り行き」と受け止めるか「再興すべき課題」と受け止めるかは重要な問題である。

　他方、中山間地域は、ときに国土形成の要(かなめ)だと言われることがある。「多様な魚群が住み着く海洋づくりは森づくりから」や「豪雨を湛えて洪水を防ぐダム機能を果たす棚田」「地産地消の新鮮農産物の産地」など、果ては「都会の子どもたちの自然体験の場」としても、中山間地域への期待は大きい。しかし、こうした期待に対して、どれほどの公費投資が行われているかと問えば心もとなくなる。本来は子どもが歩いて通える範囲に設置されていたはずの小・中学校がいかにたくさん廃止され、地域社会において相応に社会資源として活用できたはずの教員を地域社会から立ち去らせたか。それは教育のみならず福祉や医療の世界でも同

様である。事態の進行がさらに加速化しようとする21世紀初頭の今、たとえ一時でも立ち止まって問題・課題の本質を思索することが大切ではないのか。

　立ち止まって考えた時、筆者の脳裏を過るのは、比較的広範の中山間地域と呼ばれる地域社会に設置された新制高等学校の存続可否問題である。教員の人件費や学校を維持するための施設・設備費等を「対投資効果」から算出すれば、それが割に合わない選択であることは自明の理である。では、それでもこの問題に拘泥するのは何故か。

　問い詰めたとき突き当たるのは、教育を「人材育成」と「人格形成」のどちらに重心を置くかという問いである。教育にはもちろんその両面があり、どちらも重要である。ただ、「対投資効果」を指標にした場合、「人材育成」は効果が可視的である。この点で「人格形成」は後退ないし潜在化することが多いのである。しかし、「人格形成」を、地域社会の高校存続を課題に社会参加して思索検討する住民に共感し、ルーチンワークを越えて使命感を持ち始める「教師の人格形成」にまで広げて理解しようとしたら、論は意外な展開を見せるであろう。さらに、住民や教師たちの活動する姿を見ながら勉学する「生徒たちの人格形成」にまで広げたら、かつて見ない論の展開を見るにちがいない。

　こうして思索すると、「人材」育成過程に「人格」形成過程を同伴させる教育（人格形成しながら人材を育成する）こそが生産的であり、かつ、健全ではないかという実感が湧くところである。

　奇しくも、2015年10月、ノーベル賞受賞者が発表され、「医学・生理学賞」と「物理学賞」に日本人研究者二人の名が登場した。大村智、梶田隆章の両氏に共通するのは、高等教育最初の段階（大学学部）が「旧制帝国大学」ではなく「新制地方大学」だという点である。小学校から高校まではさらに「多様な友人と共学」する地元の公立学校である。こうした環境下において、社会貢献や未知の世界への関心を高めたのである。教育の基礎を貫く「発達」の視点に立てば、総合的に「人格」を練磨し形成する途を歩んだ両氏だといえる。もちろん、結果的に国際的人材になったことは言うまでもない。

　一事が万事と言うのではないが、こうして見ると、人格を練磨し形成する教育環境こそが、地域再興における重要なポイントではないであろうか。人格を伴った人材の育成こそが望ましい教育の理念であることがしのばれる。教育の「成果」の指標に「対投資」効果のほかに「対自己実現」「対学術・芸術・文化創出」、さ

らに「対他者・社会貢献」など多様な効果をカウントし、それらを総合する評価方法が必要ではないかと感知するところである。本稿がその一端を開くわずかな端緒にでもなれれば望外の喜びである。

＊本書は平成21（2009）年〜平成23（2011）年に亘る日本学術振興会科学研究費補助金を受けて行った研究をまとめたものである。固有名詞の記述については、本人の了解を得た場合及びすでに公開された媒体から引用した場合のみ実名を使用した。

［著者紹介］

山岸治男（やまぎし・はるお）

日本文理大学教授・大分大学名誉教授（教育社会学、社会教育学）
1947（昭和22）年、新潟県生まれ。新潟大学教育学部卒業。新潟県味方村
（現・新潟市南区）白根小学校教諭を経て東北大学大学院教育学研究科修士
課程入学・修了。博士課程後期課程スクーリング終了（単位取得）後、新潟
県上越市稲田小学校教諭。1980（昭和55）年、大分大学講師（教育学部）。
助教授を経て1991（平成３）年から教授。2012（平成24）年３月停年退職。
2013（平成25）年４月から日本文理大学教授。この間、学部改組に際して必
要を感知し、2003（平成15）年３月、佛教大学社会学部社会福祉学科（通信
制）卒業。社会福祉士国家資格取得。

主な著書・論文
「明治後期農村における実業補習学校」（教育社会学研究・1977）、『我が国離
陸期の実業教育』（共著・東京大学出版会・1982）、『近代日本人のライフコー
スと自我形成』（多賀出版・1992）、「福祉政策から見た旧米沢藩の財政改革」
（大分大学教育福祉科学部研究紀要・2008）、『農村における後期中等教育の
展開』（学術出版会・2009）、『ひとの発達と地域生活慣行』（近代文藝社・
2012）など。

主な地域・教育活動
ボランタリーな形で関わった内容（含・現在進行中）として……地元小中学
校ＰＴＡ会長、町内会長、法務省大分地方法務局人権擁護委員、中国引き揚
げ者等子女支援、地元の中学校課外学習支援、不登校生等支援、校区公民館
建設活動、東日本震災復興支援など。

地域を再興する高校改革の臨床──住民による課題と展望の共有を視点に

2016 年 8 月 31 日　第 1 版第 1 刷発行

©著　者　山　岸　治　男
発 行 所　多 賀 出 版 株式会社
〒102-0072 東京都千代田区飯田橋3-2-4
電話：03（3262）9996（代）
mail: taga@msh.biglobe.ne.jp
http://www.taga-shuppan.co.jp/

印刷／文昇堂　製本／高地製本

ISBN978-4-8115-7891-0　C1037